Tobias Wagner

Inquisitio in Oracula Sybillarum de Christo, Occasione Orationis Anno 1662

In pervigilio Nativitatis salutiferæ de iisdem habitæ, per annotationes varias instituta à Tobia Wagnero

Tobias Wagner

Inquisitio in Oracula Sybillarum de Christo, Occasione Orationis Anno 1662
In pervigilio Nativitatis salutiferæ de iisdem habitæ, per annotationes varias instituta à Tobia Wagnero

ISBN/EAN: 9783337386733

Printed in Europe, USA, Canada, Australia, Japan

Cover: Foto ©Lupo / pixelio.de

More available books at **www.hansebooks.com**

INQUISITIO IN ORACULA SIBYLLARUM DE CHRISTO,

Occasione Orationis anno 1662. in pervigilio Nativitatis salutiferæ de iisdem habitæ,

Per Annotationes varias instituta

à

TOBIA WAGNERO, D.

Ecclesiæ Tubingensis Præposito, & Universitatis Cancellario.

TUBINGÆ,

Impensis Johannis Georgi Cottæ,

M. DC. LXIV.

GENEROSO NOBILISSIMO,
DOMINO,
CHRISTOPHORO Mann=
Teuffel/
Hæreditario in Gandelin, &c.
SERENISSIMI WIRTEMBERGIÆ
DUCIS CONSILIARIO STATUS INTIMO,
& in Secretiori Conseſſu Pro Præſidi, nunc Ejusdem ad Imperii Comitia comiti eminentiſſimo, Domino ac Mœcenati honoratiſſimo.

Omnem animæ ac corporis proſperitatem!

SI, *GENEROSE* ac *NOBILISSIME DOMINE*, mihimet unquam ſuccenſui, certè ſuperiori anno me id feciſſe profiteor, cùm de Generoſæ Tuæ Nobilitatis connubio nihil reſciſcerem, donec per os famæ percrebuit, *Nobiliſſimum Dominum* Manteufelium *Oberkirchæ celebrare nuptias, & Sereniſſimum Ducem* EBERHARDUM *Celſitudinis Suæ præſentiâ* tædarum Orgia ſerenare. Cauſa, cur tantùm non tum vapulaverim à me, erat non contemnens, ſed non advertens neglectus capillatæ frontis, quam tunc porrexerat occaſio, quâ animi mei lætitiam publicis votis potuiſſem ex-

A 2   pli-

plicare, quibus, ut cardiognostes, precum nostrarum exauditor, testis est, nullo non die pro Generosæ Tuæ Nobilitatis salute, clauso ostio, Numini privatim lito ; quem neglectum soli labores ; & laborum curæ concatenatæ diluunt, quibus exulcerato hoc seculo ita subigor, ut interdum tantùm non ecstatico fiam similis, dum mei oblitus nihil præ oculis habeo, quàm foris Turcam, domi Universitatem & Ecclesiam. Quicquid tamen sit, reum me sisto peccati ignorantiæ, quòd Generosæ Tuæ Nobilitati, *Mecœnatum Optime*, Dominæque Sponsæ, jam costæ conthorali, quâ tam virtutum symmetriâ, quàm Generis Nobilitate in Mundo nihil lectius, publico tunc voto non acclamaverim ; quod peccatum ut expiem, præsentem in Oracula Sibyllarum de Christo Inquisitionem, cujus publicationis ἀφορμὴν epilogus aperit, Generosæ Tuæ Nobilitati loco arietis immaculati, quem pro ignorantiæ peccatis Mosaica lex offerre jubet, offero, tum ut neglecta votorum compleam, omnesque benedictiones Vobis Neogamis apprecer, quas Laban cum familiâ sorori Rebeccæ, Isaaco desponsatæ, & Bethlehemiticus populus apprecatus est Booz, Ruth in uxorem ducenti

centi, tüm ut officio pietatis; quia aliud non suppeditat, Generosam Tuam Nobilit. denuò demerear, ut non possit non continuare hactenus mihi exhibitam gratiam & favorem; & ego vicissim non possim me non profiteri Ejusdem obligatum clientem. Quod reliquum est; sospitet Deus, qui est Magnus consilio & operibus, tum Per-Illustris ac Generosissimi Dn. Comitis à Castell, *mei Abdiæ*, tum Generosæ Tuæ Nobilitatis, *Abedmelechi mei*, consilia, quibus Serenissimo Duci EBERHARDO in præsens Ratisbonæ, ut & aliàs semper, estis intimi, ut Turcâ profligato in patriam sitis redituri: Et omnis populus dicat amen! Scripsi Tubingæ 11. Febr. Anno 1664.

Generos. Tæ Nobilit.

devinctissimus

Tobias Wagner D.

DECANUS ET FACULTAS THEOLOGICA UNIVERSITATIS TUBINGENSIS

Lectoribus S. D.

Quanto Regnorum applausu nativitates filiorum Magnatum, imprimis si primogeniti sunt, & unigeniti, excipiantur, historiæ loquuntur, & testis est experientia, dum vocibus gratantium Cœli rorare, & imbres votorum ἄνωθεν decidere videntur. Quid enim tum non tentant acclamando Oratores, ad exæquandam, si possibile esset, ipsius Euphratis affluentiam rheumate oratorio, in affundendis bonis verbis pro incremento natorum! Quid non Poëta? quorum vena tunc abyssus est, & inexhausta votorum scaturigo, ut exemplo est Virgilius, cui, cùm Asinio Pollioni, Romano Consuli, Duci exercitus Germanici, filius, Saloninus nasceretur, nullius Oratoris, nedum Bucolici scriptoris ingenium, nec ulla humana dicendi vis & majestas in canendo genethliaco ad imitationem suffecit, quemadmodum aliàs in Bucolicis Theocritum, & in Æneide Homerum feliciter fuit imitatus, à Macrobio Homericæ per omnia perfectionis imitator ideò dictus; dum altiorem, nempe vatidici flaminis stylum mutuavit à vaticinio, quod Cumæa de Christo fudit, & Eclogam quartam Poëta constituit, in hunc Pollionis filium detorto, factâ promissione, si vita suppeditaverit, se in describendis hujus Salonini rebus gestis nulli Poëtarum, neque Orpheo, neque Lino, neque Apollini, natis quamvis Poëtis, cessurum esse, quando scribit:

O mihi tàm longo maneat pars ultima vitæ,
Spiritus, & quantum sat erit tua dicere facta,
Non me carminibus vincet nec Thracius Orpheus,
Nec Linus; huic mater quamvis, atque huic pater adsit,
Orphei Calliopæa, Lino formosus Apollo.
Pan etiam Arcadia mecum si judice certet,
Pan etiam Arcadia dicet se judice victum:

Tam effusa sunt in genethliacis Magnatum scribendis, & bonis verbis copiosius dicendis ingenia, ut etiam verborum vim, & gestuum gratiam sibi deesse querulentur, quibus gaudia mente concepta

cepta gestiunt eloqui & significare : Vt alia consummatæ lætitiæ signa hic transeant, quæ tum passim per provincias dantur, portis alibi virentibus sertis coronatis, die alibi accensis funalibus aucto, compitis undique festis pyris illustratis, illic aëre missilibus ignium coruscante, isthic tellure repetitis tormentorum fragoribus mugiense: Et quidem omnia meritò; quia bona, quæ ex fæcunditate Principum sperari possunt, meliùs non intelliguntur, quàm ex luminibus Imperiorum extinctis, quando regnantium occasus improles accidunt, mutationibus iis post se plerumque tractis, quæ haud rarò interitum Regnis atque provinciis minitantur; De quibus spaciosus dicendi campus se offerret, si institutum præsens id permitteret, nec in longe, & quidem infinite altioris Magnatis, nempe ipsius Omnipotentis Dei filij genethliacum & natales oculis nostri unicè defixi essent, ad inferendum, si tàm consummata gaudia misceantur nato Rege, qui homo est, qui mortalis est, & immortalitatem, si etiam Alexander Magnus, Philippi Macedonis filius is esset, nobis donare non posset; quantò consummatiùs gaudeamus nato Rege, qui Victor Mundi & Diaboli est, qui Redemptor ex inferno est, qui Restitutor immortalitatis, & Reparator vitæ æternæ est: Verbo; qui omnia in omnibus est, nempe meritissimus Salvator noster Iesus Christus: Cujus natales Ecclesia futuro 25. Decembr. die devotione eâ, quam de nobis meruit, hoc est, quâ fieri poterit, profundissimâ & summâ celebrabit. Ad quam excitandam Vniversitas nostra antiquitus constituit, ut à Facultate nostra in Vigiliis tanti festi, quæ in antecedaneum diem incidunt, Oratio de nativitatis Sacratissimæ Mysterio habeatur, quàm in Auditorio nostro, aut si aer durior ob hyemis inclementiam urserit, in majori conclavi Senatorio, pro meridianâ nonâ solennitate debitâ habebimus. Mandamus igitur omnibus ac singulis, qui jurisdictioni nostræ subjecti sunt, ut hoc devotionis ἀκρόαμα dicto die & horâ frequentes, eâ quâ par est, devotione, visitent: Cæteris verò, quibuscunque Salvator cordi est, suammet propriam devotionem instar magnetis fore speramus, cujus tractu sint apparituri, juxta illud, quod Ecclesia erga Salvatorem familiare est: Trahe me, & post te recurremus. Dabamus sub Sigillo Facultatis nostræ. d. 21. Decembr. Anno 1662.

IN-

VIRO
*Amplissimæ Dignitatis, atque Inclyti
latè nominis,*
DN. TOBIÆ WAGNERO,
SS. Theol. Doct. & Prof. Publ. Ecclesiæ
Tubingensis Præposito, & Academiæ
Cancellario,&c.
IN ORACULA SIBYLLARUM
inquirenti.

*Quid recti fictíque tegat cortina Sibyllæ,
  Seu Cumæa magis, sive Erythræa valet;
Inscriptasque notas foliis, & didita mundo
  Carmina, WAGNERI pendit acuta bilanx.
Quæ tibi, Roma, Viri Geminive, Decemve, vel ul-
  Curavere, Sacris arbiter unus adest.* (tra,

Christophorus Caldenbach,

Erratum in erratis ad calcem omissum.
Pag. 16. lin. 19. pro subsistentia lege substantia.

Magnifice Rector, Per-Illustris Baro; Viri admodum Reverendi, Nobilissimi, Excellentissimi, Consultissimi, Celeberrimi: Tuque Studiosorum Corona Nobilissima, Florentissima, Ornatissima:

Quemadmodum diris omnibus meritissimè devovendus, & ut reus majestatis unco injuncto ad gemonias pertrahendus esset, si quis regis alicujus primogenito statim sub genethliaco ortu quæstionem natalium movere, eosque legitimos esse negare auderet; & quidem nunc temporis aut Infanti in Hispania, aut Delphino in Gallia; quid enim tàm desperatè audax ingenium aliud ageret, quàm ut, quantum in se, novaculâ maledicæ linguæ eam subditorum spem decollaret, cujus defraudatio integris regnis non posset non perplexissimè periculosa accidere (a): Ita multò magis extremum impietatis gradum excessisse judicandi sunt illi, à quibus ipsius Filii Dei, carnem per magnum mysterium pietatis induentis, natales tuti non sunt, imò σημεῖον ἀντιλεγόμενον, hoc est, *signum contradictionis* sunt; dum eos vel prorsus negant, ut negavit *Arius* (b); vel ad solam humanam naturam, divinâ exclusâ, referunt, ut retulit *Nestorius* (c), & qui ex Rasis & Reformatis cum illo in eadem domo habitant; vel, ut alii plures transeant, apertè blasphemant, ut juxta Judæos (d), conductos blasphematores partus virginei, blasphemavit (e) autor libri, titulo tenus plus justo famigerabilis, nempe *de tribus summis Impostoribus*, quos *Mosen, Christum, & Machometem* fuisse, quantum ad *Mosen* & *Christum*, desperatus furcifer ex infernalibus faucibus eructavit,

A dignus,

ORATIO DE

dignus, qui flammâ ignis, non elementaris, sed sulphurei, quo Sodoma & Gomorrha conflagrarunt, imò infernalis, quo dæmones cum damnatis æternùm ardebunt, concremari debuisset; ut mirum non sit, si in medio tritico seminati verbi tàm epicurea zizania succrescant, quibus prædicatio de Christo tabula est, ut sanctissimo, si diis placet, Pontifici Leoni X. fuisse fertur, cùm de felici indulgentiarum aucupio profanissimâ voce, *En quantum fabula de Christo nobis profuit!* sibi fuisset gratulatus: quod genus hominum, si quis diabolo, qui καὶ ἐξοχὴν πατρὸς dicitur, pejor esse posset, profectò ipsis diabolis pejus ac profanius esse asserere nullus dubitarem, quia constat, diabolos non tantùm, ut Jacobus asserit, credere, sed etiam Christum in evangelio filium Dei confessos, & per decantatissima Sibyllarum oracula, eo nondum nato, professos fuisse, de quibus oraculis, quia non contemnendam speciem divinæ revelationis præ se ferunt, hoc sancto salutiferæ nativitatis pervigilio, cum vestrâ veniâ, auditores omnium ordinum honoratissimi, aliquid disserere, & an ad astruendum incarnationis mysterium iis θεῖόν τι, & roboris aliquid insit, inquirere constitui; quod dum facio, nihil à sacræ Theologiæ studio, quod in veris Dei oraculis scrutandis occupatur, à me alienû fieri arbitror, quia Theologi interest, *pretiosum*, ut cum Propheta loquar, *à vili* secernere, & ostendere, quid distent æra lupinis. Orationem tædio carituram esse, sperare me jubet, si non materiæ singularitas, saltem, si cætera omnia injucunda sint, dicendi brevitas, quo nomine aures, si non lubentes, saltem patientes, à vobis flagito, quæ timidiùs dicenti παρρησίαν conferent, & orationis filum, quod spondeo, in rem vestram promovebunt.

Ad vocis *Sibyllæ* etymon quod attinet, non est, ut multum in ea tricemur, quod Lactantius ex Varrone aperit, *Sibyllas* à consiliis Deorum nunciandis æolicâ dialecto dictas esse; Æoles enim Σιὸς *Deos*, non Θεὸς, & consilium non βελὴν, sed βυλὴν

ORACULIS SIBYLLARUM.

βυλὴν appellarunt, ut Sibylla dicta sit quasi θεοβύλη, *Dei consilium*, aut *Consiliaria Dei*, appellatione hac omnibus fatidicis fœminis vindicatâ, quas veteres *Sibyllas* vocarunt: hanc etymologiam Peucerus in commentario de præcipuis divinationum generibus præ ea approbat, quam Varro etiam ab unius Delphidis nomine deducit. *(f)* De voce *Kabala* quod idem addit, longiùs petitum est, quàm ut ei *Sibylla* etymon suos natales debere putemus. *Sibyllas* autem ullas unquam extitisse qui negant, *(g)* historiæ veritatem, quæ Sol temporum est, negent necesse est; quarum de Christo oracula à Christianis supposita fuisse, statim in primitivâ Ecclesiâ gentilium fuit exceptio, cùm juxta Scripturam etiam carminibus Sibyllarum à Christianis urgerentur, quos refutavit Lactantius, Varronis, Ciceronis, & aliorum ex veteribus, qui Christo nato antiquiores fuerunt, autoritate ipsis objectâ: ut Socinum Antitrinitarium meritò pudere decuisset, qui in suo *Anti-wieko* existentiam Sibyllarum dubiam reddere conatur, *verisimile esse*, perhibens, *narrationes de Sibyllis fabulas esse, & credendum potius videri, eas nunquam extitisse, quia ipsarum tempore nemo quicquam de iis scripserit*. Atqui quis ante & post diluvium usque ad Mosen quicquam de Protoplastis & Patriarcharum familiis scripsit? num propterea credendum videtur, eos nunquam extitisse, & Genesin Mosaicam pro fabulâ habendam esse? nonne carmina earum Varro, Cicero, & alii, qui ante Christum natum vixerunt, legerunt? utut diversæ circumstantiæ de illarum historiâ à diversis scriptoribus referantur; quod fabulam protinus non arguit, aut substantiam historiæ tollit; nisi maximam partem veritatis historicæ elevare, dubiamque reddere velimus *(h)*. Livium, quod Socinus addit, de libris à Cumæâ Tarquinio Prisco venditis silere, verum est; quid tum postea? quotaquæque sunt, quorum ille non meminit! quæ tamen fabula aut infecta non sunt, quia ab aliis fide dignis scriptoribus referuntur, inter

A 2 quæ

quæ referenda est hæc ipsa librorum Sibyllinorum, à Cumæа Tarquinio venditorum historia, quam Plinius, Dionysius, Solinus, Gellius, Servius, alii referunt, qui Livio in candore calami historici fasces nullatenus submittunt, ut ut in relatione circumstantiarum differant, etiam quod numerum & personas earum concernit, dum alii, ut Castellio, saltem unam Sibyllam faciunt, quæ etiam vulgi est sententia, quod permulta, quæ adhuc complenda restent, Sibyllæ vaticiniis simplici credulitate tribuit; alii, ut Marcianus Capella, duas, alii ut Plinius, tres, quarum statuæ Romæ erectæ steterint, nomina v. Solinus refert, *Cumæam, Delphicam, Erythræam* eas appellans; alii, ut Ælianus, quatuor, *Erythræam, Samiam, Ægyptiacam,* ac *Sardiniam*, duabus aliis, *Iudæâ & Cumanâ* auctas; quibus omnibus demum Varro in libris divinarum rerum, ut Autor est Lactantius, adhuc quatuor alias addit, numero earum in denarium extenso, quarum nomina modò laudatus Lactantius recenset. Peucerus (i) in Commentario singulas ferè gentes Sibyllas, hoc est, vaticidicas fœminas habuisse, suasque religiones, quas ex primâ quidem verâ, sed pro suis affectionibus depravatâ, instinctu diaboli exstruxerint, fovisse judiciose demonstrat, quæ quia Helenas nostras, Sibyllas puta, de quarum oraculis amphora est instituta, obiter tantum lambunt, nunc missa faciamus, id potius acturi, quod intendimus; ex Sibyllinis carminibus producturi testimonia, quibus hebræus puer *Christus* tàm à Sibyllis prædictus, quàm à Prophetis revelatus esse videtur, in quocunque vel tandem tripode principium hujus revelationis (de quo deinceps agemus) sit quærendum. Et quidem ne oratio, si singulas producere vellemus, justo prolixior evadat, tantùm duarum, quæ reliquis celebritate nominis illustriores sunt, *Cumæa* & *Erythræa*, totidem de *nascituro* nostro *Iesulo* vaticinia in præsens producam, quarum alterum, quod *Cumæa* est,

ORACULIS SIBYLLARUM.

est, *Virgilius*, alterum, quod *Erythraa*, *Eusebius* posteritati expendenda reliquerunt.

Cumæam (k) ex Cuma Opicorum oriundam, quod concernit, refert de ea ex autoribus Lactantius, quòd novem carminum libros ad regem *Tarquinium* attulerit, sed quia trecentos philippæos pro iis postulaverit, & ob pretii magnitudinem à rege fuerit derisa, tres de iis combusserit, & cùm idem pretium pro sex reliquis peteret, denuò à rege insuper habita, tres alios in ignem conjecerit; donec pro tribus reliquis Tarquinius pretium postulatum, in quo illa perseverârit, dederit, quos Capitolio refecto cum magnâ veneratione curaverit asservari: Hujus Cumææ versus Virgilius Ecloga IV. inter alios translatione ad Saloninum Pollionis, Consulis Romani recens natum filium ita exprimit:

Vltima Cumæi venit jam carminis ætas,
Magnus ab integro seclorum nascitur ordo;
Iam redit & virgo, redeunt saturnia regna,
Iam nova progenies cœlo demittitur alto,
Tu modò nascenti puero, quo ferrea primùm
Desinet, & toto surget gens aurea mundo,
Casta fave, Lucina, tuus jam regnat Apollo,&c.
Te duce, si qua manent sceleris vestigia nostri,
Irrita perpetuâ solvent formidine terras, &c.

Et post graphicam descriptionem regiminis hujus novæ de cœlo demissæ progeniei:

Aggredere, ò magnos (aderit jam tempus) honores,
Cara Deûm soboles, magnum Iovis incrementum.
Aspice convexo nutantem pondere mundum,
Terrasque, tractusque maris, cœlumque profundum;
Aspice, venturo lætentur ut omnia seclo, &c.

ORATIO DE

Quot versus, tot testimonia, hujus Cumææ carmina de nascituro Christo fuisse authentica, quocunque flamine inspirata; sed & quacunque intentione à Marone usurpata, qui *puerum* non *hebræum*, sed *latinum*, non Dei & Mariæ, sed Pollionis, Consulis Romani filium, adeoque *Saloninum*, non *Christum* recenter natum pro objecto applicationis habuit, ad quem styli quidem imitatione eruditâ, sed sensus detorsione, à Cumææ scopo longè alienâ, Cumæum hoc carmen, divinitatem nascituri Messiæ apertè spirans, quasi per apotheósin quandam transtulit. Quis enim Salonino nato *aureum seculum*, quod Poëta per *ultimam Cumæi carminis ætatem* intelligit, venisse, & quod è vestigio subjungit, *auream gentem toto mundo surrexisse* asserat? cum *ferreum* potius *seculum*, Babyloniæ Regi in somno per tibias ferreas colossi monstratum, tunc adesset, quod ad monarchicum axioma evectum omnia diminuere & domare incipiebat (*l*), ut sola pax spiritualis cum Deo, per prophetas phrasi à Cumææ stylo, ut Poëta eum exprimit, non multum abludente, descripta reliqua esset, quam *Sarschalom* Christus de cœlo nobis attulit. Quid *Virgini* cum Salonino, nato Pollionis filio? Atqui cum Christo permultum; quippe quem juxta Esaiæ vaticinium (*m*) *Virgo concepit*, *virgo peperit*, statim in evangelio paradisiaco (*n*) per *mulierem*, cujus semen caput serpentis erat contriturum, intellecta. Quo sensu vel tandem Poëta Saloninum pro novâ cœlo demissâ progenie venditare potuit, n. si tam latè anagogico, quo vix umbra veritatis in applicatione remansit? cùm econtra Scriptura de Christo nil disertius asserat, quàm *Dominum eum esse de Cœlo* (*o*), ac *vita panem, qui de cœlo descendit* (*p*): utut uterque, & *Christus*, Dei ac Mariæ, & *Saloninus*, Pollionis, Consulis Romani filius sub Imperatore Augusto, quem Maro per regnantem Apollinem innuit, fuerit natus, quod Salonini mortalitati nihil addit, Christi divinitati nihil detrahit; qui sceptro de Ju-

ORACULIS SIBYLLARUM.

da jam pridem per Pompejum ablato venire debuit (*q*); *Summatim*, non *Saloninum*, *latinum*, sed Christum, *hebræum puerum* hunc Pamphilum esse, perquem divini Numinis gloria & Majestas stetit, & propter quem cœlum ipsum, & universi mundi machima gestire, ejusque natalem gratulari debuit, & quod præcipuè in rem universi generis humani est, solus vestigia scelerumnostrorum irrita reddere, ac terram perpetuâ formidine solvere potuit, hoc omnes versus, etiam (ut habet *Anton. Guibertus* in suo *Apologetico*) omnes tropi, quibus poëta utitur, evincunt, & vitæ Salonini brevitate confirmatur, quem statim, ac in lucem fuit editus, rississe, suoque risu vitæ brevitatem sibimet præsagiisse scribunt; nedum ut pro Dei, tantorum honorum capace progenie fuerit habendus. Longum esset referre, quàm devoto Commentario Eusebius (*r*) totam hanc eclogam juxta Cumææ mentem ad Christum applicet, cui calculum adjicit Augustinus (*s*), pernegans, imprimis hos duos versus,

Te duce, si qua manent sceleris vestigia nostri
Irrita, perpetuâ solvent formidine Terras,

alteri, *quàm Domino Christo genus humanum dicere posse, quos ex Sibyllino carmine Virgilius fassus sit se transtulisse.*

Fuit vaticinium *Cumææ*, cui tàm disertim astipulatur acrostichis *Erythræa* (*t*), ut ipsum nomen Salvatoris Ἰησοῦς Χριστὸς θεοῦ ὑιὸς Σωτήρ initialibus versuum literis, cum utroque Salvatoris, adventu exprimat, cujus initium, ut apud Eusebium loc. cit. extat, ita habet:

Ἱδρώσει γὰ χθὼν, κρίσεως σημεῖον ὅτ' ἔςαι.
Ἥξει δ' ἐξ οὐρανόθεν βασιλεὺς αἰῶσιν, ὁ μέλλων
Σάρκα παρὼν κρῖναι πᾶσαν, καὶ κόσμον ἅπαντα &c.

Hoc

ORATIO DE

Hoc est:
Sudabit enim terra, quando judicij signum erit,
Veniet autem de cœlo rex per secula, qui futurus est
Omnem carnem præsens judicare, & omnem Mundum.

Magnum authoritatis momentum accedet Sibyllis, si hæc acrostichis authentica esse probabitur: Quis enim Prophetarum tàm syllabatim in uno & eodem vaticinio Salvatoris titulum exprimit, sicut in hac acrostichide expressum habemus? quanquam διηρημένως apud Prophetas αὐτηλεξεὶ, ut infrà demonstrabo, extare, negari non possit: Authenticam autem esse, probabile argumentum est, quòd Cicero ante natum Christum affirmavit, se carmina Sibyllæ vidisse, quæ literis initialibus certam reddant sententiam, quod genus carminis ἀκροστιχὶς appelletur (*u*)? *sed*, inquit Calovius; *intelligi eam, quam commemorat Eusebius, non apparet* (*x*): Contrà Jacobus Martini: *Manifestum est, quum alia Sibyllæ carmina, quorum literæ capitales aliquid certi significent, non extent, Ciceronem hac ipsa legisse* (*y*): cui sententiæ præ illa ferè astipulor, in qua me magna vigilantia confirmat, quá Romani, imprimis *Augustus* antè, & *Tiberius* post *Christum* natum, quàm curatissimè caverunt, ne libri Sibyllini sine delectu reciperentur, & recepti promiscuè ab omnibus legerentur, ut *Tacitus* & *Suetonius*, scriptores gravissimi testantur: Suetonius quidem de Augusto; quod is *post mortem Lepidi suscepto Pontificatu, super duo millia vaticidicorum librorum, græci & latini generis, de quorum autoribus non constiterat, cremaverit, ac solos Sibyllinos retinuerit, sed & hos quoq; delectu habito, quos duobus forulis auratis sub Palatini Apollinis basi condiderit* (*z*): Et Tacitus de Tiberio; *exprobrasse eum Caninio Gallo, quòd de libro quodam Sibyllæ, inter cæteros ejus vatis recipiendo, incerto autore, ante sententiam collegij, non, ut assolebat, lecto per magistros, æstimatoque carmine apud infrequentem*

Se-

ORACULIS SIBYLLARUM. 9

Senatum egerit; Admonitione insuper hac addita; *quia multa vana sub nomine celebri vulgabantur, sanxisse Augustum, quem intra diem ad prætorem deferrentur, neque habere privatim liceret, quod à majoribus quoque decretum fuerit post exustum Socialis* (dicere debuisset *Civili*) *bello Capitolium, quæsitis Samo, Ilio, Erythris, per Africam, ac Siciliam, Italicas quoque colonias carminibus Sibyllæ, datoque Sacerdotibus negotio, quantum humanâ ope potuissent, vera discernere igitur tunc quoque notioni quindecim virum eum librum fuisse subjectum* (Aa). Eandem Sibyllinis libris, etiam à Christianis adhibitam vigilantiam, testatur Eusebius loc. cit. adversus eos, qui hanc ipsam Erythræx acrostichidem authenticam esse negarunt, & pro suppositiciâ habuerunt; *veritatem*, inquiens, *fuisse in propatulo, eo, quia nostra religionis viri tempora diligenter & exactè collegerint, ut non potuerit conjecturari, hæc carmina olim à Sibylla non esse prædicta: Imò fuisse etiam in confesso, Ciceronem hoc poema legisse, illudque in latinam dialectum transtulisse, & intulisse suis Commentariis*: ut hic Christianis, illic Ethnicis vigilantibus, vix locum habere potuisse videatur tàm momentosi carminis denascituro & nato Christo suppositio: quanquam Sibyllinis libris nihil additum, suppositumve fuisse, non dixerim, ob argumenta nullatenus contemnenda, quæ à viris doctis in contrarium afferuntur, & ex ipsis Sibyllarum inter se commissis libris ipsis desumi possunt.

Quid ergo: inquiris, Auditores omnium ordinum honoratissimi, si hæc Sibyllarum carmina de nascituro olim Messiâ sunt revelata & authentica, annon etiam *divina*, æquiparanda prophetarum oraculis? & si hoc; añon consequenter *canonica*? maxime, quia Clemens Alexandrinus *(Bb)* Sibyllarum libros ab Apostolo Paulo Christianis, ut eos legerent, commendatos fuisse scribit; & Bellarminus *(Cc)* peculiarem classem argumentorum pro asserenda divinitate filii Dei contra Photinianos ex earum oraculis producit. Hic verò os obstruere, & ne

B   Scri-

ORATIO DE

Scripturæ sacræ, quæ citra controversiam θιόπνδιςος est, consequenter *Canonica*, ullum sub cœlo scriptum, aut librum æquiparemus, acquiescere nos jubet non Plato, quem quidem lectorem, ut etiam in legibus scribendis, imitatorem Mosis fuisse autores tradunt; multò minus Plutarchus, qui referente Peucero (*Dd*) de origine Oraculorum, ut cœcus de colore judicat, & vim eorum non εἰς θεὺς, ἢ δαίμονας, ἢ ἥρωας, hoc est, *in Deum, aut dæmones, aut heroas*, sed prorsus *ad impetum quendem naturalem terræ incitata retulit*; ut ostenderet, se tanquam ethnicum, neque angelum, neque spiritum (*Ee*) credidisse; sed ipsa diaboli tyrannica praxis, & horrenda in oculos incurrens obsessorum subactio, dum malignus spiritus, cum hujusmodi oracula ederentur, halitibus circumdatus in has vates & pythias involavit, easque partim furentium, partim ebriorum, partim trementium, partim ridiculè gestientium motibus exagitavit, nonnullis eorum corpus, ceu articulis tormento ligatis enervavit, ac palpitantium musculorum speciem induxit (*Ff*), ut furori fanatico θεῖόν τι, quod diabolicum erat, subesse videretur: quæ divinitatem inspirationis tàm non arguunt, quàm Behal non arguit Christum, & tenebræ non argunut lucem (*Gg*); quippe sibi è diametro oppositas, & nunquam in eadem domo cohabitantes, quantacunque vel tandem pietatis specie, dicerem debere, fuco malitiæ (*Hh*) ὁ μυσοπόνηρος vera falsis, & divina humanis miscere fuerit visus, ut mundus, cui glaucomata hæc obijcit, dum charitatem veritatis, ut salvus fiat, non recipit, quasi in bivio stans nesciat, cui tandem plus fidei tribuendum sit; Deo, an diabolo?

Tum demum autem (*Ii*) immediatè θεῖόν τι hæc Sibyllarum vaticinatio spirare posset argui, si sagacissimus dæmon eam pro profundissimâ suâ ἀγχινείᾳ ex jam antè sanctis DEI hominibus factâ revelatione propheticâ colligere, collectamque in pratum diabolicæ fraudis derivare, & ad

regnum

ORACULIS SIBYLLARUM. 11

regnum suum dilatandum convertere non potuisset: verbi gratiâ ; (*Kk*) puerum, quem *hebræum* appellat, vocatum iri *Iesum*, toties ex Vetere Testamento coucludere potuit, quoties prophetæ voces הישוע & ישיה, de futuro Messia terminanter usurpant; ut David in Psalmo: *Dic tu animæ meæ,* אך ישועתי, *Iesus tuus ego sum* (*Ll*): Annon Χριςὸς ipsissimum nomen משיח est? Atqui quàm frequenter Prophetæ id ingeminant, ut nec Samaritanam ea latuerit, ajentē; *Scio, quia Messias venit, qui dicitur Christus* (*Mm*): de quo David suam fiduciam tam certam esse prædicat, ut se nuncupet *Virum* הקם על משיח *substantiatum super Messia Dei Iacob* (*Nn*): *filium Dei* fore, annon expressè litera jacet? *Filius meus es tu* (*Oo*): Et in promissione; *Ego ero ei in patrem, & ipse erit mihi in filium*; & quæ sunt id genus collationes horum vaticiniorum cum propheticis oraculis adhuc plures, quas brevitas temporis glomerare non permittit: Et dæmonem, divinitatis simiam, hæc non intellexisse, & suppositâ revelatione propheticâ his pythiis ad opinionem divinitatis ambiendam inspirare non potuisse putemus! ut taceam Sapientiam habitualiter non introire, nisi in animam castam, Deo, non dæmoni devotam: talem autem Sibyllarum, verbi gratia, *Erythrææ* fuisse animam, quomodo probabitur, quæ, ut alia argumenta in præsens transeant, *Apollinis Sacerdotem* se profitetur (*Pp*)? *Si Apollinis*, ergò *dæmonis*; non Numinis, quia, ut Rex & Propheta pronunciat, *Gentium Dÿ sunt dæmonia* (*Qq*); ut intrepidè affirmare ausim, eam, si hodie viveret, pro lamia habitum, & secundùm Carolinam, imò Mosaicam constitutionem igni adjudicatum, atq; combustum iri; quod severius, sed ratione solidâ nixum judicium cum pace venerandæ antiquitatis latum velim; ut constet, quid obstet, quò minus vel *Cumæam*, vel *Erythræam*, ac Sibyllas reliquas pro vatibus à Deo inspiratis habeamus; utut Eusebius illam *divinâ inspiratione refertam* celebret, quam è vestigio *intus in ipsis adytis importunâ superstitio-*

B 2

ne occupatam appellat (*Rr*): quæ certè diſſociabilia ſunt, & non cohærent.

Quæ ergò vel tandem eſt hujus fidei utilitas, ſi dæmoni non Numini tribuenda ſunt vaticinia, quæ de Chriſto naſcituro fuderunt *Cumæa* & *Erythræa*, Sibyllarum Biga celebratiſſima? Num diabolo de Deo credamus, qui fidem ſtatim Deo in paradiſo detraxit, cùm lapſus retia Protoplaſtis tenderet (*Ss*)? num ex ejus buccâ veritatem expectabimus, qui pater mendacii eſt, & in veritate non ſtetit (*Tt*)? qui ergò adhuc floſculi, aut fructus ſunt, quos ex hactenus habito diſcurſu colligamus, ne curioſitati potius, quàm pietati litare velle videamur, ſed ut ad ἀκμὴν ædificationis, maximè ſub exitu, deveniat noſtra oratio? Συμβέλω, vel tandem ad quid proſunt hactenus laudata Sibyllarum carmina, (*Vu*) Sibyllis ipſis culpatis, & pro inſtrumentis diaboli habitis?

Proſunt *primò* maximè ad notandam, & declinandam calliditatem diaboli, qui ut plurimum nocet, quando prodeſſe ſe ſimulat; mentitur, quando vera loquitur; ſicut ſe Deum eſſe fuit mentitus, cùm per has Sibyllas, ſuas amaſias, Chriſtum Dei filium aſſereret; omninò ut Apoſtolus ejus ungues hoc malitiæ ſchemate obtectos exprimit, appellando eum *Satanam εἰς ἀγγελον φωτὸς μεταχηματιζόμενον, in angelum lucis transformatum*, ne ſecuri ſimus, aut nimium credamus colori; ὰ γὰρ αὐτὰ νοήματα ἀγνοῦμεν, dicente Apoſtolo (*Xx*); *nobis non incognita ſunt ejus noëmata*, quæ tanquam *monſtra* perditionis alit (*Yy*).

Profuerunt *deinceps* imprimis καθ᾿ ἄνθρωπον ad convertendos gentiles ad Eccleſiam, quibus alioquin prædicatio de Chriſto fabula fuit, & perhibente Apoſtolo *ſtultitia* (*Zz*), ut ſaltem diabolis, quorum prophetiſſas venerabantur, de Chriſto vaticinantibus, crederent, donec ad verum fontem Propheticorum oraculorum per ſanctam vocationem, à tenebris εἰς τὸ θαυμαςὸν αὐτοῦ φῶς perducerentur, quâ de cauſâ in magno quoque

ORACULIS SIBYLLARUM.

que pretio fuere Justino Martyri, Athenagoræ & Lactantio, patribus antiquissimis statim post Apostolorum tempora, refertque Justinus Apol. 2. instigantibus dæmonibus à Romanis leges fuisse, latas, quibus capitali supplicio fuerit addictus, quisquis de populo libros Sibyllinos legeret.

Prosunt *porrò*, si non ad convertendos, saltem ad confundendos Epicureorum conceptus, quos sub introitu orationis tantùm non pejores diabolis habuimus, qui ut plurimum in cordibus suis dicunt, *non esse Deum* (α); quos vel diaboli, qui DEUM per suas prophetissas confitentur, refutent, donec & ipsi cum diabolis in inferno justum, & βασιλίζοντα Deum sentient, sed & , quod Jacobus ad diabolorum fidem addit, φρίσσωσι , *stantibus quasi comis contremiscent.*

Prosunt maximè, (β) ut Deo pro prophetico sermone, quem Apostolus ipsâ in monte sancto auditâ patris voce, *hic est filius meus dilectus,*βεβαιώτερον deprædicat,eò impensiùs habeamus gratias, quo fucatiùs mundum à diabolo per has phœbades, & lymphatica earum oracula habitum fuisse observamus, quia ex hoc verbo jam scimus, *cui credimus*, *& certi sumus,* ὅτι δυνατός ἐςὶ τὴν παραθήκην ἡμῶν φυλάξαι εἰς ἐκείνην ἡμέραν. Sicut enim diabolus ψεύςης ἐςὶ, καὶ πατὴρ αὐτῆ: ita Deus est Deus veritatis, ejusque verbum est *veritas* , *in qua* , intercedente pro nobis Christo , *sanctificamur.*

Et vel *tandem* prosunt eo ipso, quia non amplius sunt, atque nato Christo *Puero*, quem appellavit dæmon ,*hebræa* obmutuerunt, templis eorum partim fulmine eversis, partim terræ tremore concussis, antrisque halantibus obstructis, & fontibus atque fluentis, quæ vim divinandi habere videbantur, exsiccatis, ac ne vestigiis quidem eorum amplius relictis (γ): in indubitatum argumentum,*Parvulum Iesum,qui natus est nobis*, *& filium*, *qui datus est nobis* , ad cujus nativitatem debito devotionis ardore celebrandam hoc ipso pervigivigilio corda nostra disponimus, esse *ipsum filium Dei, qui apparuit, ut destrueret opera diaboli* (δ), qui ἀπεκδυσάμενος τὰς ἀρχὰς, καὶ τὰς ἐξουσίας ἐδειγμάτισεν ἐν παρρησία, θριαμβεύσας αὐτοὺς ἐν αὐτῷ: hoc est, *expolians principatus & potestates traduxit palàm, triumphans illos in seipso* (ε); ut majestatem novæ, cœloque demissæ, progeniei Apostolici styli majestate exprimam, quod triumphatum spiritum ita ussit, ut indignationem coram ipso Augusto Cæsare dissimulare non potuerit, quando sciscitanti de successore in Imperio, respondit:

Παῖς ἑβραῖος κέλεται με θεοῖς μακάρεσσιν ἀνάσσων,
Τὸν δὲ δόμον προλιπεῖν, καὶ ἀίδιον αὐθις ἱκέσθαι,
Λοιπὸν ἄπιθι σιγῶν ἐκ βωμῶν ἡμετερείων.

Hoc est:
Puer hebræus jubet me, qui beatis diis imperat,
Domum relinquere, & in infernum reverti,
Quod reliquum, abi hinc silens ab aris nostris.

Nos, quod reliquum est, omnipotenti, opera diaboli omnipotenter destruenti PARVULO cum magnâ voce in cœlo à Johanne (ζ) auditâ læti acclamamus: *Nunc facta est salus, & virtus, & regnum Dei nostri, & potestas Christi ejus; quia projectus est accusator fratrum nostrorum, qui accusabat illos ante conspectum Dei nostri, die ac nocte: & ipsi vicerunt eum, propter sanguinem agni, & propter verbum testimonij sui, & non dilexerunt animas suas usque ad mortem. Propterea lætamini cœli, & qui habitatis in eis!* Tibi ergò scitissime, mellitissime, sanctissime, ac de genere humano meritissime JE-SULE, *benedictio; & honor, & gloria, & potestas, in secula seculorum*

D I X I.

Annotationes variæ
In
PRÆCEDENTEM ORATIONEM,
De
SIBYLLARUM
ORACULIS.

TAles (*a. pag. 1.*) nebulones, qui os contra majestates in cœlum ponunt, Petrus innuit, quando .. Epist. cap. 2. ℣. 10. inquit: Καὶ κυριότητος καταφρονοῦντας. Τολμηταὶ, αὐθάδεις, δόξας ὐ τρέμουσι, βλασφημοῦντες; *Qui gloriâ præcellentes non verentur contritis incessere & contemnere*, quos Scriptura *Filios Belial* appellat 1. Sam. 10. ℣. 27.

(*b. pag. 1.*) ARII hæresin imprimis Athanasius dedit perpexam, & utut dederit, sermo tamen ejus instar gangrænæ serpsit, *ut*, inquirente Hieronymo contra Luciferianos, *totus mundus ingemuerit, & Arianum se esse cognoverit.* Ejus blasphemiæ, ut passim apud Athanasium videre est, erant: *Patrem* (primam Personam Trinitatis) *non semper fuisse Patrem*; *solum esse* ἄῤῥητον, *solum non habere similem*, *non* ὁμοδόξον; *solum immortalem*, ἄναρχον, αἰώνιον; ἄξυντον, *Deumque*, *ubi opponatur filio, vocari*; *Ut omnium, ita proprij filij creatorem esse, qui filium fecerit principium; cujus alia, quam filij, aut Spiritus Sancti sit substantia, Filio invisibilis, per quem res aliæ ideò non sint creatæ, quia ipsius manum nequiverint ferre*: Vicissim λόγον, *sive filium esse Deum creatum, creaturam & facturam*, πρωτότοκον omnium creaturarum, *primum creatum ex nihilo, naturâ suâ mutabilem, etiam ad malum. si vellet; cui Pater, quia eum præviderit præstiturum integritate, gloriam dederit*, *Deum non verum, sed* λόγον, *ut alij sint* λόγοι, *quos Deus loquatur*; *creatum à Patre, cum is proposuisset nos creare, & tum à Patre* λόγον, *& Sapientiam nominatum, ut nos per eum crearet, quia meram Patris manum creatura ferre non potuerint*, & quæ sunt id genus blasphemiarum βδελύγματα adhuc plura, quæ homo insensatus eru-

cta-

ctavit, donec justo Dei judicio, *cùm latrinam ingrederetur*, *ruptur vi- scera effudit*, *& ab Eusebianis complicibus sepultus fuit cum pudore* &c. Hujus blasphemias superiori seculo per vulgò dictos Photinianos denuò in scenam reproduxit mendaciorum spiritus, quarum innovationem noster *Hasenressetus* p. m. *ultimum diaboli conatum adversus Evangelij resplendescentem facuļam* auguratus est ; cui Theologorum nostrorum calamus hactenus sanctissimo zelo eo eventu sese opposuit, quem *verba sapientium*, *tanquam stimuli & clavi in altum defixi in recessu habent*. *verba*, inquam, *quæ per Magistrorum consilium data sunt à pastore uno*, Eccl. 12. ℣. 11. 12.

De errore Nestorii, etiamnum in Ecclesia grassante.

(*6. pag. 1.*) Pauci Nestorii errorem rectè intelligunt. Sunt, qui putant, *Nestorium apertâ professione duas in Christo naturas separasse, ac personam ejus divisisse*: quod Nestorio tribui non potest, quippe qui ad tertium anathematismum Cyrilli, ut videre est Tom. 1. Concil. fol. 3055. ita respondit: *Si quis non secundùm conjunctionem unum dixerit Christum, qui est etiam Emanuel, sed secundum naturam, ex utraque etiam subsistentiâ, tàm Dei verbi, quàm etiam ab eo hominis suscepti in unam filij connexionem, quam etiam nunc inconfusè servamus, minimè confitetur, anathema sit.* In hoc autem luto utrunque crus impactum habuit, quod à Christi ex matre nativitate divinitatem planè exclusit, concedendo quidem, *Virginem Mariam esse* Χριστóτοκον, hoc est, *peperisse Christum*; negando autem esse Θεοτόκον, hoc est, *etiam peperisse Deum*; *quia propria naturarum non possint communicari, etiamsi ambæ naturæ in unam personam sint unitæ; quæ unio salva maneat, etiamsi propria naturarum mutuò non communicentur*. Huic opinioni ducenti patres Concilii Ephesini se graviter opposuerunt, & firmiter statuerunt, *quod salvâ Unione personali in Christo communicatio idiomatum negari non possit*, & Nestorium, hanc communicationem negantem, consequenter damnarunt, *quòd Unitatem persona solveret, & Christum in duas Personas divideret*, ut ut in animo nihil minus, quàm hujusmodi divisionem foverit, & sanctè contra semper fuerit protestatus, *se unum Christum, ex duabus naturis conjunctis & unitis religiosè statuere atque credere*: Usus etiam vocabulo *Persona*, ut in-

VARIÆ.

innueret ; *Persona, tanquam termino, ad conservandam ejus unitatem, omnia adscribi debuero, ita tamen, ut qua sunt divina, tantùm natura divina, & qua sunt humana, tantùm natura humana, sine ulla communione naturarum adscribantur*: An, per amorem Christi ? ovum ovo similius est, quàm similes sunt in hac quæstione Jesuitæ Nestorio ? Annon unam per conjunctionem naturarum in Christo Personam his allegatis verbis tàm confessus est Nestorius, quàm confitentur Jesuitæ ? sed & communicatione propriorum, verbi gratiâ, ἰδιωμάτων, ad quam etiam τὸ *posse nasci* pertinet, ab iisdem tàm negatâ, quam negavit Nestorius: *Quid enim est, ἰδιωμάτων*, scribit Forerus in Manuali c. 2. pag. 199. *quàm appropriatio ? perinde igitur est, ac si dicas, per & propter appropriationem λόγος omnia, quæ carnis sunt, verè & realiter sibi appropriavit*. Nuga, subjungens, *nugarum*. Sed & sicut divisionem Personæ ex negatâ communicatione Idiomatum sequi negavit Nestorius, magnâ contentione asseverans, *se in Christo etiam post incarnationem Personam conjunctione naturarum unam sanctè credere* ; ita Jesuitæ, cùm Nestorio communicationem Idiomatum negantes, hanc ipsam illationem inde consequi cum Nestorio pernegant, prætendentes ; *Personalem communicationem immediatè solùm esse communicationem Personæ, non naturæ, aut proprietatum naturalium*.

Aridæ, quæ *Forerus* cap. cit. p. 203. quærit, ficus solis sponte sua de arbore doctrinæ Jesuiticæ decidunt: *Isthæc*, inquit, *nostra Catholica & orthodoxa doctrina tantùm abest à Nestorianismo, ut ei è diametro opponatur*. Nam I. inquit ; *nos docemus Christum non purè hominem, sed divinâ hypostasi subsistentem, è virgine natum, & mortuum ; secus docuit Nestorius*. Quomodo secus ? ubi nam secus ? Annon Mariam χριστοτόκον esse, hoc est, Christum, adeoque hominem personaliter cum Deo conjunctum, ac divinâ hypostasi subsistentem, è virgine natum & mortuum docuit ? IL inquit: *Docemus: verâ substantiali unione unitam esse humanitatem personæ: id negavit Nestorius ; ratus filium Dei unitum esse homini non substantialiter, sed accidentaliter, per inhabitationem & dilectionis affectum*. Respond. Confessus est Nestorius, & statuit, *Christum conjunctione unum; Christum*, inquam, *qui est Emanuel secundum naturam, ex utraque etiam substantia, iam Dei verbi ; quam etiam ab eo hominis suscepti, in unâ filij connexione*: Si igitur naturarum in Christo conjunctio ex sensu Nestorii tantùm accidentalis est, ut Forerus non procul à vero arguit, mul-

ANNOTATIONES

tò magis talis erit ex sensu vel hypothesi Jesuitarum, quippe qui vel subsistentiam assumptæ carnis tantùm per *sustentationem* explicant, quando propositionem personalem, *Homo est Deus*, exponunt: *Filius Dei, sustentans humanam naturam, est Deus*: Disput. 4. Gerlachii *de Persona Christi Salvatoris*, contra Eusæum thes. 158. pag. 281. 282. III. Inquit: *Nos, quando dicimus, Christum, ut* Subjectum Quod, *esse natum & passum, includimus, hypostasin increatam; Nestorius inclusit solùm creatam, & verè humanam*. Resp. Forerus, inquiendo, *Christus, ut* Subjectum Quod, *est natus, passus*, increatæ personæ Filii Dei hæc humanæ naturæ propria realiter tribuit, aut non tribuit. Si tribuit, habemus, quod volumus, nempe realem Communicationem idiomatum à naturâ ad naturam, quia hypostasis increata Filii Dei à naturâ Filii Dei characterisatâ nec essentialiter, nec realiter, nec formaliter differt, ut id, quod increatæ hypostasi realiter est appropriatum, non possit non realiter appropriatum intelligi etiam ejus naturæ; quæ consequentia procedit etiam in ὑπευψώσει, hoc est, in communicatione propriorum assumentis naturæ Divinæ, respectu assumptæ naturæ humanæ, ex hoc fundamento; quia hæc hypostasis tàm increatum, immensum, & independens quid est, quam sunt reliqua attributa absolutè divina. Si ergò τὸ *increatum, immensum, independens esse Personæ Verbi* non obstitit, quo minus ipsa fuerit communicata assumptæ naturæ humanæ, quod Forerus cum suæ Societatis contribulibus admittit & fatetur; nulla utique ratio dari potest, cur hoc ipsum *increatum, immensum, & independens* absolutorum Idiomatum obstiterit, quò minus etiam ipsa assumptæ naturæ humanæ communicari potuerint. Ubi frustrà est Forerus, quando & *Ratione & Instantiâ* hanc consequentiam à Personâ ad Naturam in Manuali p. 202. infringere allaborat. Ratione quidem; *Quia personalis Communicatio sit immediatè solùm communicatio Personæ non naturæ, aut proprietatum naturalium: Hinc fieri, ut si qua attributa divina & humana reciprocentur, reciprocentur immediatè tantùm de Personâ, non de naturâ, & præ dicentur tantùm in Concreto, non Abstracto*. Frustrà, inquam, est hæc Foreri exceptio, quæ est latens sub vocabulo *Persona* æquivocatio, ac si per *hypostasin seu Personam* à naturis in Christo unitis *Tertium quiddam* distinctum, aut *Personalitas aliqua Metaphysica* intelligenda esset; quæ σχέψις purè philosophica est, hujus mysterii profunditatem ne quidem

larascribens, nedum tangens, in quo Persona & Natura Verbi differentiam realem puré respuunt, & in hoc mysterio pari passu ambulare arguuntur: Ut taceamus, prædicationem personalem etiam in Abstracto, ob communicationis naturam absoluté non rejiciendam esse, non solùm ob simplicissimam Verbi, *quod caro factum est*, naturam, in qua Deus & Divinitas simplicissimé sunt *ταυτὸ*, sed & ob assumptæ humanæ naturæ veritatem, quæ etiam abstractivo *humanitatis* vocabulo, non equidem præcisione abstractionis per intellectum metaphysicé, sed per communicatam hypostasin in Christo *existens* exprimitur, & prædicationis naturam in concreto induit: à quâ tamen prædicatione, ne Eutychetis errori, cujus *insuita & Reformati*, sed falsò, nos accusant, favere videamur, abstinemus, quia tàm loquendum est, ut multi, quàm sapiendum, ut pauci; Et sic Ratio Foreri cadit, quia verâ ratione est destituta. *Instantia*, quâ consequentiam à communicatione Personæ ad communicationem ad Naturam, infringere laborat, speciem habet, sed non fundamentum. Si, inquit, *propter Personam communicatam, aut appropriatam utrique prædicatam utrique naturæ recte tribuatur, licet natura ipsa immediaté inter se non uniatur, cur non etiam liceat ratiocinari? Pater communicat Verbo naturam divinam; Ergò Pater est Filius, & Filius est Pater; Item, Pater generatur, & Filius generat; quia Paternitas & Filiatio eandem naturam communicant, etsi Paternitas & Filiatio inter se distinguantur*. Resp. 1. Falsâ nititur hoc argumentum hypothesi, quâ supponitur, *naturas ipsas immediaté inter se non uniri*. Imò naturas immediaté uniri in personâ, tanquam in termino, analogia hujus mysterii evincit; quia persona, propriè loquendo, *non est uniri*, sed assumere; Personam enim assumpsisse naturam recté dicimus, Personam autem naturæ uniri aut unitam triibus recté & commodé, quia Unio Personalis non dicitur *unio Personæ & Naturæ*, sed *unio duarum naturarum in Personâ*, tanquam in unionis termino. 2. Manifestâ committitur Fallaciâ *ἀπὸ τῷ συμβ. ω* quia argumentum à naturâ ad arguendam certam Personam in divinis non stringit, sicut stringit à personâ ad arguendam naturam; Utut enim in argumenti regressu identitas personæ & naturæ eadem sit, attamen à naturâ, ut in Foreri argumento sit, statim ad determinatam vel Patris, vel Filii, vel Spiritus Sancti Personam non valet, ut validum est à Personâ ad arguendam naturam ejusq; proprietates & idiomata; quia Natura in Divinitate tribus Personis est communis, quam econtra Personæ suis Characteribus determinant, & determinatam ad singularitatem divinæ subsistentiæ restringunt, ut in Trinitate quidem sit ἄλλος καὶ ἄλλος, alius atque alius, non ἄλλο καὶ ἄλλο aliud atque aliud, quod ad allatam instantiam Foreri enervandam sufficit. Si autem Forerus, inquiendo, *Christus, ut Subjectum Quod, est natus & passus*, increatæ Personæ Filii Dei hæc humanæ naturæ propria realiter non tribuit, intus & in cute Nestorianus est, ipsi Nestorio injuriam inferens, ac si is prædicando de Christo, ut *subjecto Quod*, quod sit *natus*, *passus*, solùm creatam & verè humanam hypostasin inclusisset: Affingit hoc Forerus Nestorio; cui duæ hypostases in Chr‑sto, creata & increata, nunquam in mentem veneruut, utut Patres Concilii ex ejus hypothesi de negata Communicatione Idiomatum hanc personarum dualitatem, per legitimam consequentiam, concluserint; cujus expressa verba in Act. Conc. Ephes. tom. I. cap. XIII. fol. 952. ita habent, *quòd nomina Iesus Christus, Vnigenitus humana divinaque natura, eidem conveniant, & quod etiam Apostolus τὸ Christus nomen utrique naturæ commune ponat, quo idem Christus passibilis simul, & impatibilis citra fidei discrimen concipi queat; illud quidem secundùm humanam naturam, hoc verò secundum divinam*; non secus, ac Jesuitæ faciunt, qui dicendo, *Christus, qua Deus, non est Mediator* (hoc est, pro nobis non est passus & mortuus) *non excludunt divinæ naturæ conjunctionem & præsentiam, sed solùm physicam influentiam specialem ed us per modum proprij principij activi*/Quo, ut Foreri verba in Manuali p. 211. expressè habent; quod utique examussim Nestorianum est, quia Nestorius à nativitate, passione & morte Christi divinæ naturæ conjunctionem & præsentiam non exclusit, sed tantùm illius physicam influentiam per negatam communicationem idiomatum, ut hæretica (ex asse *Iesuitica*) ipsius verba loco citato Concilii Ephes. tom. 1. C. XVIII. fol. 953. habent: *Vbicunq; igitur*, inquientis, *divina Scriptura dominicæ dispensationis mentionem faciunt, cùm incarnationem, tùm ipsam quoque mortem & passionem non divina, sed humana Christi natura semper tribuunt. Quapropter si rem diligentiùs consideremus, sacra virgo non Deipara* (Θεοτόκος) *sed Christipara* (χριστοτόκος) *appellanda erit*: Tantum abest, ut Forerus hoc pacto Nestorianisinum à se amoliatur, ut potius instar soricis, se Nestorianum esse prodat.

Sed

VARIÆ.

Sed quia etiam *Reformatos* cum *Nestorio* æquè, ac *Rasos*, putas Iesuitas, quod hoc ἀκυσμα in eadem domo *habitare* diximus, operæ pretium est, etiam horum ficulnea folia expendere, quibus hanc maculam tegere laborant. Audiamus *Maresium*, qui noviſſimè in suæ *Sylloges Diſputationum ſelectarum* parte secunda, diſput. I. ex professo contra Anonymum quendam Nestorii defensorem tria capita tractanda suscepit, quorum duo posteriora sunt ; *1. Neſtorium ab hæresi liberari non poſſe; & 2. Mariam Virginem* Θεοτόκον *appellari debere contra Neſtorium*: *Primum*, quod concernit, refutare laborat Maresius hunc Anonymum, qui scripsit ; *Diſtinxiſſe quidem naturas in Chriſto, ſed non ſeparaſſe Neſtorium, & Chriſtum verum, unumque Dei filium duabus naturis, divinâ & humanâ, in unam perſonam convenientibus, agnoviſſe*: sed & quod *ſecundum punctum* de virgine Maria attinet, eundem rectè negaſſe, eam Θεοτόκον, hoc est, *Deiparam dicendam esse*. Prius Maresius intrepidè negat, asserens contrà, *omninò Neſtorium Dominum noſtrum Ieſum in duos diviſiſſe filios, & alium eſſe dixiſſe Deum ex Deo Patre: alium, qui ex ſancta ſemper virgine natus*: adductâ authoritate *Vincentii Lirinenſis*, qui Nestorio fuerit coævus, & Communit. I. c. 17. scribit: *Neſtorius contrario Apollinaris laboravit morbo, dum ſeſe duas in Chriſto ſubſtantias diſtinguere ſimulat, duas introducit repente perſonas, & inaudito ſcelere duos vult eſſe filios Dei, duos Chriſtos, unum Deum, alterum hominem, unum, qui ex patre, alterum, qui ſit generatus ex matre. Atque ideò asserit, ſanctam Mariam non* Θεοτόκον*, sed* χριστοτόκον *eſſe dicendam*, &c. *quia ſcilicet ex ea non ille Chriſtus, qui Deus, ſed ille, qui erat homo, natus ſit* &c. Addit insuper Maresius ; *Neſtorium non alio ſenſu* ἕνωσιν προσωπικήν *in Chriſto admiſiſſe, quàm quemodo duæ perſonæ distinctæ, v. g. vir & uxor, in unum quid coaleſcere posſint, ut Chriſtum ex virgine natum non tàm Deum, quàm* Θεοφόρον *θεάνθρωπον ſtatuerit, ut ex Ephes. Can. anath. 5. liqueat ; nec aliam ἕνωσιν naturarum admiſerit, uti videre ſit Can. five anath. 4. Concilii quinti, quàm* κατὰ συσχέσιν ἢ ἐνέργειαν &c. Resp. Verisimile est, Maresium Concilio Ephes. non inspecto hæc ſcripſiſſe; nec enim gry de *viri & uxoris* conjunctione in allegato anathemate habetur. Neq; 2. Nestorius suo sensu naturas in Christo separavit, ſed ut Maresii Anonymus rectè ait, distinxit, Christumque duabus naturis, divinâ & humanâ in unam personam convenientibus, quemadmodum suprà ejus confeſſio fuit producta, agnovit, planè

ANNOTATIONES

ut agnoscit *Maresius*, 3. Communicationem idiomatum Nestorius negavit, planè ut negat *Maresius*. 4. Hoc tamen non obstante, unitatem personæ asseruit, concedendo, Mariam χριστοτόκον esse, *Christum peperisse*, planè ut concedit *Maresius*. 5. Christum θεοφόρον esse & ἕνωσιν κατὰ παράστασιν ἢ ἐνέργειαν Nestorius statuit, planè ut statuit *Maresius*, thesi XXXVI, Anonymo adversario respondens, *humanitatem Chisti tantùm adjunctum personæ sustentantis esse*; quod adhuc levius est, quam Nestoriana duarum naturarum in unam personam, licet citra propriorum communicationem, conjunctio. 6. In eo, ut dicamus, quod res est, *Maresius* Nestorio adhuc iniquior, quia Nestorius negatâ communicatione idiomatum consequenter rectè negavit, Beatam Virginem θεοτόκον, *Deiparam* esse, ipse v. *Deiparam* esse, magno, ut videri vult, Zelo, propugnat., utut Nestorianæ communicationis Idiomatum negationi, tanquam polypus saxo, inhæreat, Anonymumque adversarium, θεοτόκον cum Nestorio negantem, magnâ opum vi refutare præsumat. Qui enim *Deipara* esse potuit Beata Virgo, si divinæ Christi naturæ per unionem personalem humanæ naturæ proprietates (inter quas etiam τὸ potuisse ex *Maria* l'*irgine* nasci referendum est) non sunt appropriatæ? sicut *Maresius* cum suis Reformatis contra syncerè Evangelicos appropriatas esse mordicùs negat, quos ob assertam hanc appropriationem *Eutychianismi* accusat, & tamen per syncretismum in communionem eorum Ecclesiæ recipi desiderat: num in communionem ejus Ecclesiæ, quam damnatâ *Eutychetis* hæresi contaminatam esse diffamat? Tantum abest, ut *Reformati* à Nestorii errore sint immunes. Quod ad duas personas attinet, quas *Nestorium* introduxisse Antiquitas constanter testatur, & quidem l'*ingentius Lyrinensis* disertim; sciendum est, *Maresium* studiosè confundere Nestorii *hypothesin* de conjunctione duarum Naturarum in Christo in unam personam citra communicationem idiomatum, unde B. Virginem θεοτόκον, *Deiparam* esse negavit, cum *consequentiâ*, quam Patres Concilii Ephesini de divisione personæ Christi in duas personas legitimè ex Nestorii sententiâ intulerunt, quam consequentiam tamen Nestorius nunquam admisit, διαῤῥήδην negando, quòd Christus in duas personas dispescatur, etiamsi communicatio idiomatum negetur, & divinæ naturæ tantùm divina, ac humanæ naturæ tantùm humana propria adscribantur, planè ut *Maresius* unitatem personæ in Christo confitetur, inquiendo, ejus *humanitatem personæ sustentantis adjunctam esse*; contrà

VARIÆ.

tri verò negando, quòd ex negatâ communicatione Idiomatum duæ personæ sequantur; quod si Nestorianum non est, quid vel tandem erit? Et quidem tantùm de errore Nestorii etiamnum in Ecclesia grassante.

(d. pag. 11.) Tàm execrabiles sunt Judæorum blasphemiæ, quibus Christum, qui *Sanctus Sanctorum* est, proscindunt, ut sola eorum recitatio culpâ non carere videatur, etiam in Matrem ipsius, Virginem semper gratiosam, Maledictionum telis vibratis, quam *Hariam*, hoc est, *sterquilinium*, Christum verò *Mamser*, hoc est, *spurium*; *Talui* & *Iseid* hoc est, *suspensum* appellant, ad cujus nomen, si soli sunt, ter in terram expuunt, dicentes *immach shmo*, hoc est, *deleatur nomen ejus*: Traditione insuper ex diabolicâ malitiâ excogitatâ, Christum quotannis hac ipsâ, quâ festum natalitiorum celebramus, nocte omnes cloacas perreptare cogi, ut domesticis suis terrorem incutiant, ne istâ nocte è cubiculis suis audeant prodire &c. *Fiat habitatio eorum deserta, & in tabernaculis eorum non sit, qui habitet* &c. Psal. 69. ℣. 26.

(e. pag. 1.) Autorem hujus de *Tribus Impostoribus* libri equidem summè detestatur *Thomas Browne*, quem in suo libello, cui titulum fecit *Religio Medici*, sect. XIX. his diris devovet: *Monstrum illud hominis, Diis infernis à secretis scelus, nefarii illius tractatus de Tribus Impostoribus author quantumvis ab omni religione alienus, adeò ut nec Iudæus, Turca, nec Christianus fuerit*; utrum autem consequenter judicium suum de eo ferat, quando subjungit; *plane tamen atheus non erat*, videre non possum: qui enim ab omni religione alienus est, quomodo atheus non est? siquidem solius religionis est, *Deum esse* affirmare; hac ergò negatâ, negatur omnis de Deo confessio; & hac negatâ, quid præter Atheismum remanet? qui tum demum directè Atheistarum mentes occupat; *cum quasi omnem cognitionem, sensum atque fidem Numinis in corde suo, quantum in se est, extinxit*; ut *Spizelius* in *Scrutin. Atheismi* pag. 11. cum abeffectu describit. Porrò, quod ad Scholiasten *Thomæ Brownæ*, nempe *Levinum Nicolaum Molkium* attinet, qui annotationes in ejus libellum satis eruditas scripsit, auguratur ille, authorem hujus pestilentissimi libri fuisse *Bernhardum Ochinum*, qui fuit Italus, librumq; itidem pestilentem de *Polygamia* scripsit, quem Beza refutavit; cujus etiam Campanella *Poggium Florentinum*, in *Atheismo triumphans* suspectum reddit; *Mersennus* a. Comm. in Genesin ex singulari cujusdam amici, qui librum illum legit,

& stylum cognovit, indicio *Aretinum* esse refert; quem utut Paulus Jovius in *Eleg. Doct. Viror.* fol 19. Græcarum literarum decus celebret, & de literis meritissimum, tamen Atheum & Atheismi Doctorem fuisse, Itali ipsi, quorum pullus erat, tacere non potuerunt. Non absimilis procul dubio, sœtus est liber, quem de *Nullitate Religionis Christianæ* Bodini cerebrum, obstricante Diabolo, parturiisse ajunt: hos talesque libros cum authoribus infernali busto, nedum ultricibus nostri foci flammis adjudicandos esse, nemo, cui Christus cordi est, negabit; quam sortem expertus est *Iulius Cæsar Vaninus*, cujus etiam *Molkius* in Annot. Relig. Medici, l. c. & *Spizelius* in alleg. *Scrutin Atheismi* pag. 19. mentionem faciunt, itidem Italus, patria Neapolitanus, infamis Atheorum aquila, qui, ut *Mersennus*, l. c. scribit, cum Tolosæ ob impietatem vivus combureretur, fassus est, tredecim Neapoli fuisse emissos, qui per omnem Europam *Atheismum* spargerent, sibi autem Lutetiam contigisse, ubi spartam suam egregiâ impietate exornaverat; & quidem satis callidè, disputationibus primùm adversus Atheos virus suum tegendo, viâ autem ho: pacto ad illud spargendum stratâ, atque autoritate, in suo *Amphitheatro Æternæ Providentiæ Divinæ Magicæ* sibi conciliatâ, in quo Providentiam Divinam adversus veteres Philosophos, Atheos, Epicureos ita defendit, ut potius eam prostituerit, & prostituendo infirmiores in præsentissimum dubitationis salum conjecerit; donec ut anguis in herba cognitus, & nullo pœnitentiæ signo dato horrendum supplicium vivicomburio exolvit, supplicium, inquam, quod ἐπιείκεια decollationis aut suffocationis per laqueum antecedanea fuisset moderandum.

(*f* pag. 3.) De etymo vocis *Sibyllæ* autores passim tradunt, imprimis *Onuphrius* lib. de Sibyllis, *Peucerus* in Commentario de præcip. divinat. generibus, *Erasmus Schmid* in Sibyllinis Orationibus, Statin. Orat. l. *Iacobus Martini* in Exercit. Metaph. lib. 2. Exercit. pag. 726. & seqq. *Boissardus* in Opere Posth. de divinat. & Magic. præstigiis fol. 5. Ut & de numero Sibyllarum locis cit. de quo Autores valdè discrepant. Sunt, qui vocem *Sibyllæ* ante tempora Tarquinii, cui *Cumææ* sua carmina vendidit, ignotam fuisse putant.

(*g.* pag. 3.) Petulantiæ, non ignorantiæ est, negare, *unquam Sibyllas fuisse*; Nubes testium præ oculis est, eas & fuisse, & furore percitas oracula fudisse, *Plato, Aristoteles, Diodorus, Strabo,*
Plu-

VARIÆ.

Plutarchus, Ælianus, Pausanias, Scholiastes Aristophanis, Hermias Philosophus, Cedrenus, Suidas, Procopius, Agathias, Iamblichus, Virgilius, Livius, Ovidius, Tacitus, Plinius, Solinus, Arnobius, Lactantius; ex Varrone: Ambrosius, Hieronymus, Augustinus, Amm. Marcellinus, Martianus, Cappella, Donatus, Servius in Virgilium, Isidorus, & recentiores Theologi ex his, inprimis ex Lactantio, Sibyllas & fuisse, & oracula fudisse, & sua antra occupasse, & alia plura, calamo, utut quoad circumstantias differente, quoad rem tamen unanimi, asseverant & testantur; sed quod ad authentiam oraculorum, quæ illæ fuderunt, & quemadmodum in octo libris digesta adhuc extant, attinet, quæstio gravior est, de quâ de hinc in genere; quod autem Cumæ & Erythræ speciatim de Christo edita, & à nobis in habitâ Oratione producta oracula concernit, deinceps de iis agemus.

(b. pag. 3.) Confer. *Historicas* nostras *Institutiones* lib. 1. cap. XIII. Ubi Canon. num. VI. hic traditur. *In historiarum lectione disparitas Circumstantiarum unius & ejusdem historia à diversis descripta lectorem non terreat, ut historiam talem protinus fabulam esse suspicetur.* Declaratur simul inibi hic Canon ratione & exemplis.

(c. pag. 4.) vid. Peuceri *um de præcipuis divinationum generibus*, imprimis de προμαυθεία pag. 119.

(k. pag. 5.) *Quæstio generalis præmissa: An Sibyllina Oracula, sicut octo libris comprehensa hodie extant, sint authentica, & non potius, in iis præsertim, quæ Christi nativitatem, miracula, passionem & mortem concernunt, pro supposititiis sint habenda?*

Sunt, qui *authentica* esse affirmant: sunt vicissim, qui contrarium statuunt, & *suppositicia* esse dicunt; Utrinque viri magni. Qui *authentica* esse dimicant, sunt, sicut ex Oratione habitâ l. c. constat, ipse *Eusebius*, sidus antiquitatis perilustre: quem sequutus est *Baronius* in Annalibus; *Bellarminus*, qui, ut meminimus, hæc oracula Photinianis, divinitatem Christi negantibus, opponit, item *Iacobus Martini* In Exerc. Metaph. *Erasmus Schmidius* in Sibyllinis Orat. tertiâ, *Notis in Nov. Test.* annexâ; *Boissardus* in *Tractatu posthumo*; D. *Gerhardus* in Tomis; D. *Franzius* de interpr. Scripturæ; alii. Audiamus ergò, quæ singulorum sit sententia.

D   *Euse-*

ANNOTATIONES

Eusebij sententiam quod concernit, subjecit is quatuor libris de vita Constantini *Orationem* sub nomine *Constantini*, τῷ τῶν ἁγίων συλλόγῳ inscriptam, cujus pars de divinitate Christi etiam extraneorum testimoniis astruendâ absolvitur, in quibus etiam illa ἀκροστιχίς affertur, cujus initiales literæ Salvatoris nomen & crucem exprimunt; quàm etiam nos in hac Oratione, ut deinceps audiemus, pro authentica habuimus. Hanc acrostichidem postquam Eusebius recitavit, adeò eam pro anthentica habuit, ut subdiderit: *Et hæc virgo perspicuè vaticinari potuit. Hanc ego quidem beatam judico, quàm Servator providentiæ suæ ergà nos vatem elegit.* Etiam refutatis, qui eam pro supposititia habuerunt, quando pergit: *Verùm multi sunt, qui hanc istavaticinatam esse non credunt, quamvis Sibyllam Erythræam vatem fuisse confiteantur, sed suspicantur, aliquem nostræ religionis, poëtica Musâ non expertem, hæc condidisse carmina:* vοθεύεσθαι τι αυτᾳ, *hoc est, esseque illa adulterina, cùm utiles sententias habeant, multam voluptatum licentiam amputantes, & ad temperatam, & honestam vitæ conversationem ducentes. Est autem*, pergit, *veritas in propatulo, eo quòd nostræ religionis viri tempora diligenter & exactè collegerunt, non posse conjecturari, quòd poëma hoc à quopiam sit post Christi saltum descensum & judicium. Est enim in confesso, Ciceronem hoc perlegisse, illudque in Romanam dialectum transtulisse, & commentariis suis inseruisse; denique hunc imperante Antonio interemptum &c.* Longum esset referre, quæ de quartâ Eclogâ Virgilii ex Sibyllæ Cumanæ carmine desumptâ, in hanc sententiam idem commentatur, ex quibus præsumptio, quæ suppar est demonstrationi, hæc sumi tur; Si ex mente Eusebii hæc de Christo acrostichis authentica est, & pro adulterina non habenda, omninò etiam Sibyllarum carmina, quæ tum temporis circumferebantur, & adhuc extant, reliqua pro authenticis esse habenda, nec rejicienda inter suppositia.

Quæ Baronij, ejusque Epitomatoris *Spondani*, & *Bellarmini* de horum carminum αὐθεντία sit sententia, brevitatis causâ tantùm ex *Spondani* verbis colligamus, quæ A. Chr. 19. num. 11. hæc sunt: *Anno verò Domini decimo nono, quo creati sunt Coss. (Cælius Rufus & L. Pomponius Flaccus) cùm vana quædam oracula, tanquam Sibyllina, de Vrbis interitu, anno nongentesimo ab ejus origine obventuro ferrentur, idem Tiberius Imperator tanquam falsa redarguit, eaque occasione omnes fatidicos libros inspiciens, legitimos ab spuriis selegit. Quod etiam olim*

VARIÆ. 27

Olim ante Christi adventum jussu Augusti de iisdem Carminibus Sibyllinis, toto orbe conquisitis, factitatum auctores (Tacit. l. 5. Suet. in Octav.
c. 31. Dio lib. 34.) testantur. Nec est dubium, quin ista magná provi-
dentiâ contigerint, ut quæ adversus Gentiles Christiani ex iisdem libris
de adventu Christi citarent, nullâ impostura suspicione accusarè jure possint.
Quid pro authentiâ horum carminum dici potest disertius? *Bellarmini*
fiducia, in authentiam horum Carminum posita, ex eo colligenda
est, quòd l. 1. de Christo c. 2. peculiarem classem argumentorum pro
asserenda Deitate Filii Dei contra Photinianos ex illis produxit;
asserens, *Sibyllas multa clariùs prædixisse, quàm ullus Prophetarum præ-
dixerit*; simulque provocans ad *Clementis* testimonium, quod *Paulus* gentiles sit hortatus ad carmina Sibyllarum legenda. Ex quo consequens est, eum, si quoad claritatem non certiorem, saltem quoad cer-
titudinem non minorem authentiam his oraculis tribuere, quam Scripturæ tribuit; secus qui Deitatem Christi contra Photinianorum blasphemias ex iis probare conatus fuisset?

Hanc ipsam sententiam fovit etiam, ut paulò suprà dictum, *Erasmus Schmidius in Oratione tertiâ, Notis* ejus & *animadversionibus Novi
Testamenti* annexâ, ubi post sollicitam remotionem à statu quæstionis eorum librorum, qui annis 81. ante Christum natum cum Capitolio
exusti fuerunt, & in quæstionem amplius venire non possunt, tandem
de illis octo libris, qui tempore Augusti paulò ante Christum natum
passim ex toto mundo comportati, & censuræ XV virorum Romæ subjecti fuerunt, fol. 1506. scripsit: *Ego verò pro genuinis Sibyllinis carminibus
eos acceptare non dubitem*; cum operoso conatu solutionis argumentorum, quæ contra eorum αὐθεντίαν à præstantissimis viris afferuntur,
inquam solutionem, qualis nam sit, deinceps inquiremus.

Nec de hac ipsa authentia dubitat *Iacobus Martini* in Exercit. Metaph. l. 2. p. qui acrostichidem, quæ ab Eusebio *Erythræa* adscribitur,
pro ea habet, quam Cicero l. 2. divin. sibi lectam testatur; nec *Wolff-
gangus Franzius*, qui Eusebio calculum in Tractatu de *Interpret. Script.*
pag. 203. & seqq. imprimis de acrostichide liberaliter adjicit; nec
Gerhardus, cui ideò horum Carminum autoritas suppositionis su-
specta esse non potuit, quia in dedicatione *Harmoniæ Evangelicæ* de
passione & crucifixione Christi præfixâ, ea, quæ de Christo apertissimè
loquuntur, intrepidè, ac si eorum αὐθεντία omni scrupulo careret, allegat:

D 2

ANNOTATIONES

legat; nec, ut alios multos præteream, *Ianus Iacobus Boissardus Vesontinus*, qui in *Tractatus posthumis de divinatione & magicis præstigiis* epistolâ dedicatoriâ *ipsum Spiritum Sanctum* nonnunquam per Sibyllas locutum fuisse autumat, ut nomen *Iesu Christi*, tempus item ejus adventus, locum nativitatis, vitam, miracula &c. apertissimè exprimerent; addito: *Non esse, q̃ ad harum scriptis quidam fidem derogent*; allegatis simul verbis Eusebii, quibus suppositionis scrupulum in agnoscendâ αὐθεντία lectorum animis eximere allaborat.

Econtra qui hæc carmina authentica esse negant, & pro supposititiis habent, sunt gravissimi viri, quibus cerebrum non in calcaneo est, viri in antiquitatis memore versatissimi, rationibus ducti gravissimis, quæ omninò dignæ sunt, quibus animus advertatur.

Hos inter meritò primo loco numerandus est D. *Iohannes Opsopæus*, qui Sibyllina Oracula, quæ octo libris impressa extant, ex vett. codd. aucta, renovata, & notis illustrata anno 1607. magnâ diligentiâ Parisiis edidit, & in præfatione ad Lectorem eorum authentiæ ea argumenta opponit, quæ solertissimis ingeniis negotium facessunt, nec dum à quoquam solidè soluta extant; exempli gratiâ: *Testari Patres, Iustinum Martyrem, Tatianum, Clementem, Alexandrinum, Eusebium, ac cæteros Scriptores Ecclesiasticos, nullam Sibyllam Mose priorem fuisse; Et tamen Sibyllam nostram lib 3. de Mose vaticinari, diluvium prædicere, ac profiteri, se cum suo marito, socero ac socru, cum levitibus & glossibus in diluvio jactatam fuisse; quod utique insolens sit; & vaticinium tanquam post res gestas prolatum vanum reddat.* Porrò quod plurima ex his libris oracula post Christum natum sint conscripta, tria argumenta affert. 1. *Quia libro V. Sibylla asserat, se alterum incendium ædis Vestalis vidisse; quod teste Eusebio in Chronicis sub Imperatore Commodo contigerit, quo cum Vesta ædibus etiam Palatium & plurima urbis pars sole sint æquata.* 2. *Quia non statim tempore Apostolorum, sed primum circa Antonini & Commodi Impp. tempora, adeoque circa annum Christi 160. hæc Sibyllarum Carmina antea, quantum sciatur, Christianis ignota, in vulgus efferri, & à scriptoribus ejus ætatis citari cœperint.* 3. *Quia opiniones, post Christum natum demum à Christianis excogitatæ, his libris expressè insertæ deprehendantur: videlicet impios post aliqua sæcula ex æterno supplicio liberatum iri, quod oraculum Isb. 2. horum carminum habeatur; quæ fuerit Ori-*

genis

VARIÆ.

genus sententia, ut August. l. 21. de C. D. c. 17. habet. Item, Neronem subtraæ
ctum suo tempore revelatum iri, Ante-Christum fore; (quod in his Carminibus passim inculcetur, ubi de Nerone fit mentio) *quæ nonnullorum,*
ut iterum August. l. 24. 20. de C. D. 29. scribat, fuerit ex 2. Thessal. 2. de
tum temporis jam operante Mysterio Iniquitatis capta opinio. Quis non
arguat, hæc carmina à quodam Christiano his opinionibus infecto,
qui, ut infrà dicetur, *Montanus* fuisse præsumitur, esse facta atque pacta?
Pergit Opsopæus: *Sibylla carmina, ut referat Iustinus, esse inconcinna,*
obscura, mutila, ne quidem ab ipsâ intellecta, quia cum furore effusa; hos
autem octo libros Sibyllinos ferè perpetuum ordinem servare, librum pri-
mum, de creatione, de ætatibus, de Noe, de Diluvio, ferè ut Genesin; *Tertium*
de Saturno & Titanibus, de Mose, de lege, de captivitate Babylonica; *quar-*
tum de quatuor Monarchiis; *Quintum quindecim Imperatorum historias*
non exerit; *Ergò oracula non esse* &c. Sed nec d ctionem ipsam, sive phrases
horum carminum Oracula à Sibyllis edita spirare Opsopæus demonstrare pergit; recitans catalogum vocum, quæ partim *insolentes* sint,
partim *nova*, partim è *sacris literis desumtæ*, partim *ineptis etymologiis*
effusæ, quas longum esset hic exscribere; *nedum ut Homerica majestas*
iis insit, quam Cnodorus istu messe scripserit, testans, ipsum Homerum plu-
rimos versus ex Sibylla oracula in sua opera transtulisse; *cùm ecountrà*
in his Sibyllinis libris, qui hodie extant, vix sex vel septem hemistichia
Homericis similia reperiantur: Summatim; *carmina esse ut plurimum*
sibi dissimilia, dura, coacta, ex Scriptura, Orpheo, Hesiodo, oraculis Apol-
linis, Phocylidis, & cæteris gnomicis poëtis consarcinata. Ad res ipsas
in his Oraculis expressas quod attinet, modumque, quo referuntur,
iterum demonstrat Opsopæus ad oculum, *tam planè & copiosè eas in*
his libris describi, ut facile conjicere liceat, illas non prædictas, sed prius vi-
sas, auditas, aut lectas bu scriptoribus fuisse, historias, non oracula esse; verbi
gratiâ: *Vaticinium Esaiæ, Ecce virgo concipiet, & pariet filium, ibyllam*
nominetenus exprimere. Esse Virgo Maria pariet puerum Iesum in Beth-
lehem. *Quis credat Sibyllæ, Apollinis sacerdoti, mysterium Incarnationis*
f. q Dei clarius fuisse revelatum, quàm prophetæ Φερεμένῳ, inquit porrò,
ὑπὸ τοῦ πνεύματος ἁγίου: *Quis prophetarum Baptismum Iohannis in Ior-*
dane, apparitionem Spiritus Sancti in Columba specie prædixit? nullus: At-
que Sibyllis, si credere fas est, hæc prædimisse, sicut libro VI. horum Oracu-
lorum sic videre. Sic *Oracula de Chr. sto. & de XV. Imperatoribus, quo-*

ANNOTATIONES

cum singula nomina & facta statim ab initio libri V. referuntur, morari relationem historicam de rebus præteritis esse; quomodo ergo oracula de rebus futuris? quamvis nomina tantùm capitalibus literis Græcis designentur, ut ænigmata potius, quàm historica relatio esse videantur: quæ seu quandoq; etiam in iis oraculis deprehendatur, quæ futura prædixisse videntur, quando autor eorum ex numeris, qui ex nominum literis exurgunt, hariolatur; verbi gratia, quando libro VIII. Romam dicit perituram, postquam numerum nominis sui compleverit &c. Hactenus Opsopæi argumenta, quibus αὐθεντίαν horum Oraculorum impugnat.

Opsopæi argumenta reassumit *Casaubonus* Exercit. I. ad Apparatum Annalium *Baronii*, Num. XVIII. fol. 72. 73. 74. Ubi ex claritate horum Oraculorum de nascituro Christo è virgine, de passione ipsius & cruce, de regeneratione per Baptismum in vitam æternam &c. ita infert: *Ego verò suspicionem meam hoc loco dissimulare non possum. Nam equidem ingenuè profiteor, omnia hujus generis sive oracula, sive nuntiata, quò apertiora sunt, eò fieri mihi suspectiora.* Rationes, quibus Casaubonus se moveri, ut sic sentiat, profitetur, compendio proponam. I. inquit, *Verbo Dei contrarium videri, tam profunda mysteria Gentibus, quàm Dei populo peculiariter dilecto, ac suamet voce per prophetas erudito, clariùs fuisse proposita, quia sciamus, quàm exiles scintilla veritatis priscis temporibus populo Iudaico illuxerint; ut Apostolus tempora ante Christum* χρόνους ἀγνοίας, *tempora ignorantiæ,* Actor. 17. v. 30. *appellet, & sæpe repetat, doctrinam de salute generis humani ante Christi incarnationem fuisse mysterium, quod absconditum à seculis & generationibus, nunc autem manifestatum est sanctis ejus,* Coloss. 1. v. 26. confer. Rom. 16. v. 25. Ephes. 3. v. 9. *Quomodo ergo Sibyllina oracula, quæ Iesum sine ambagibus aut ænigmatis, ipso etiam nomine indicant, facta illius narrant,* Ioh. Baptistam *venturum nuntiant, & præconium illius, quale in Evangelio habetur, commemorant, pro non supposititiis habeamus? Tam claram ne lucem gentibus affulsisse putemus, cùm adhuc populus ille* πλείοσις *in tam densis tenebris jacebat?* Quod argumentum vel ab ipso Apostolo confirmari videtur, quando Rom. 3. v. 2. scribit, quod λόγια Dei Judæis præ cæteris credita fuerint, quibus hæc Goshen fuit illustrata, cum tristissimæ tenebræ reliquo orbi terrarum incumberent. 2. Se *moveri,* inquit porrò Casaubonus, *ut his oraculis diffidat, quod apud Platonem, Aristotelem, Theophrastum, & tot alios è paganis curiosissimos om-*

VARIAE.

eorum disciplinarum scrutatores eorum, quae hodie apud *Mercurium* & *Sibyllas* miramur, nullum penitus extat vestigium; Et 3. vehementer se etiam movere, quòd primis Ecclesiae temporibus quàm plurimi extiterint, qui facinus palmarium judicaverint, coelestem veritatem figmentis suis ire adjutam. quò facilius nova doctrina à Gentibus sapientibus admitteretur: qua officiosa mendacii s, bono fine excogitata vocaverint; ex quo fonte sexcenti alij libri sint orti, quos illa aetas viderit sub nomine etiam *Domini Iesu*, & *Apostolorum*, aliorumque sanctorum publicatos, quorum plurimos Gelasius Papa in Decreto suo & Romani Concilij enumeret: hoc factum, inquit Casaub. vehementer esse reprehendendum, cum admiratione magna, quòd Patres ejusmodi scripta (qualia Sibyllina sint) tanta facilitate receperint, & ad fulciendam Coelestis veritatis auctoritatem testimonia ex illis proferre non dubitaverint; quemadmodum etiam alios constet, libros a *Iustino*, *Clemente Alexandrino*, *Tertulliano*, & aliis Patribus saepe fuisse laudatos, quos jam nemo, vel mediocriter studiis Theologicis imbutus, Apocryphos fuisse dubitet; Paulum Graecos ad libros Sibyllinos, ut de Filio Dei veritatem inde discerent, rejecisse, quod Clemens Alexandrinus scribat, Traditionem esse, ne là fide dignam. Quod denique de Testimonio *Eusebij* & de acrostichide *Erythraeae* adscripta, ut & de *Virgilio* addit, mortem & passionem Christi ei non fuisse probè notam, inferius libabimus, ubi de utriusque & *Cumaeae* & *Erythraeae* allatis oraculis sigillatim agemus. In Casauboni sententiam pleno gradu concedit *Boxhornius* in Hist. universali pag. 12. & seqq. statuens, quò apertiora sint haec oracula, eò magis illos, qui Sibyllis ea tribuunt, falsos deprehendi, cùm pleraque sint ψ ἀδεσπόταφα.

Tandem in authentiâ Oraculis, sub nomine Sibyllarum etiamnum extantibus, ἀληθινήτω abjudicandâ omninum rigorosissimus est Dn. *Joh. Henricus Boeclerus* in sua Dissertatione in Bucolicon Virgilij Quartum, in qua pag. 7. Alberico Gentili, putanti, non dubitandum, quin Virgilius consecerit versus plures hic de Sibyllinis versibus, respondet; Nos pessumus (puta, quod Gentilis innuit) avidè amplecti, qui Σιβυλλιακὰ penitus ignoramus; quâ assertione in ventos abit horum Oraculorum universa authoritas: Quod enim penitus ignoratur, ejus autoritas & respectus non pote st, quoad nos, non pro non ente haberi.

Possent, si haec non sufficiunt, adhuc aliae rationes afferri, quibus, si nonnulla, tamen dubia reddi posse videtur horum oraculorum autoritas;

ANNOTATIONES

,toritas,: inter quas non negligendum est, quòd authentica eorum exemplaria non potuisse videntur venire in Christianorum manus arctissimam custodiam, quâ Sibyllini libri à Romanis secretissimè fuerunt habiti, primùm per *Duumviros Sacerdotes*, quorum officium erat, hos libros Romæ in delubro Junonis, quod erat in templo Jovis Capitolini, in cella quadam subterranea arcæ lapideæ inclusos custodire, eosque, si Senatus consulto juberentur, adire, & quæ propositæ quæstioni apposita invenissent, Senatui fideliter referre: quibus Duumviris additi fuerunt duo ministri publici, qui juxta sua ministeria etiam illorum fidem observarent, quia absque Senatus consulto hos libros adire, vel aliis legendos aut describendos concedere tantâ severitate fuit prohibitum, ut Rex *Tarquinius Priscus M. Aurelium*, Duumvirorum alterum culeo bubulo insutum, tanquam parricidam, in mare projecerit, quia libros Sibyllinos *Petronio* cuidam contra Sacerdotii fidem describendos dedit, adeoque patriæ sacra & secreta prodidisse fuit visus; qui Duumviratus post exactum *Tarquinium Superbum*, à Consulibus in Decemviratum, & sub L. *Cornelio Sylla* Dictatore annis 79. ante Christum in XVDecimviratum, tandemq́; in XLviratum, retento tamen *XV virûm* nomine, hac de causâ excrevit, ut Sacerdotium hoc ad Sibyllinos libros habendos, & custodiendos publicâ autoritate sanctius certius, & inviolatius redderetur, quemadmodum in Oratione habitâ exemplum custodiæ horum librorum sub Augusto, cùm duòbus forulis auratis sub Palatini Apollinis basi conderentur, ex Suetonio fuit adductum. Quomodo ergò certa, & indubia exemplaria horum Carminum in Christianorum manus pervenire potuerunt?

Hæc argumenta quemadmodum non sunt contemnendi roboris; ita robur illorum incrementum sumere videtur ab infirmitate solutionum, quas assertores autoritatis horum carminum tentare solent, & imprimis *Erasmus Schmidius*, olim Professor Wittenbergensis, Vir, cùm vita maneret, de græcis literis optimè meritus, pro Sibyllis proponit, dum in *Sibyllinis*, Operi posthumo *Notarum & Animadversionum in Novum Testamentum* annexis, Oratione tertiâ magnâ equidem pietate, utinam tantâ soliditate, aliquot argumenta, quæ authentiæ huic opponuntur, solvere conatur. Videamus ergò.

Ad argumentum, quod quidam afferunt, *Erythræam oracula sua græcâ linguâ conscribere ideò non potuisse, quia profiteatur, se cum Noah*

in

in arca diluvii fuisse, cum graeca lingua nondum, sed unum labium in universa terra esset, nempe hebraeum &c. ad hoc, inquam, argumentum respondet Schmidius; Nanc Erythraeam fuisse uxorem Iapeti, cum quo post Babylonicam linguarum confusionem in insulas, per quas Europa, & imprimis Graecia intelligatur, commigraverit, quò graecam linguam, quam in confusione Babylonicâ acceperit, ipsa & maritus Iapetus transtulerint; hinc etiam ejus oracula in hac linguâ fuisse scripta: sed quàm laxè hæc, & quæsitè!

Nam posito, quod ad græcæ linguæ dialectum attinet, rem ita se habere potuisse; an revera se ita habuerit, hoc est, de quo ambigitur, ob rationes in mensa solis positas. 1. Quia mera conjectura est, hanc Erythræam Japeti conjugem fuisse: quomodo hoc probabitur? quia nondum probatum est, eam cum Noha in undis diluvii fluctuasse. Nec refert; hoc ipsam Erythræam in suis carminibus profiteri, testari: hæc ipsa enim carmina sunt, quorum veritas & autoritas in dubium vocatur, ut hæc instantia sit manifesta petitio principii. 2. Si fuit Japeti uxor; ergò non virgo: atqui Eusebius expresse eam vocat virginem: καὶ ταῦτα inquiens, recitatâ acrostichide, τῇ παρθένῳ Ἡλιάδι ἰδεῖν ἐπίς ϟ ἐσσεται ἐξάμ. hoc est: ut habet versio; Et hæc virgo perspicuè vaticinari potuit. Hæ enim Phæbades sive Pythia, scribit Boissardus in Opere Posthumo cap. II. fol. 4. â principio ex virginibus tantùm eligi erant solitæ, donec una illarum ab Ecberate violata est: post quas incestum sancitum est edicto populorum, ne in posterum ulla Pythia oraculis præficeretur, nisi ætate jam profectâ, ut testatur Palæphatus lib. 1. Et denuo 3. si cum Noha, tanquam nurus Nohæ in arca fuit, & consequenter non Ethnica, sed ex familia & ecclesia Nohæ, in qua promissionum de Messia frequens fuit memoria & consideratio, quas etiam posteris suis illa diligentissimè volunt inculcare, quod eò felicius præstare potuerit, quò rectius de iis informata, & simul dono prophetiæ divinitùs instructa fuerit; ut Dn. Schmidius in orat. d. fol. 1508. scribit, quomodo sexta post diluvium ætate vixisse; imò quomodo Apollinis Sacerdotem, propter dementiam parentum tali cultui traditam, & dedecorosis furiis agitatam fuisse (quæ omnia Eusebius in vita Constantini de ea refert) credamus? Num Nohæ, ejusque procul dubio pientissimæ uxori ullam adscribamus dementiam, quâ filiam furioso & dedecoroso cultui tradere, & ex eâ

E   Sa-

ANNOTATIONES

Sacerdotem Apollinis, hoc est, Dæmonis facere voluisse putemus? Ut alia plura transeant?

Ad argumentum ex rhapsodia & inconcinnitate Sibillynorum carminum respondet; *Est*, inquiens, fol. 1507. *sanè in carminibus Sibyllinis* (φάλματα *descriptorum semper excipio*) *ea Græcismi puritas, ut nulli Poëtarum Græcorum aliquid concedere videatur. Stylus profectò Homericus, Sibyllino ita similis est, ut ne ovum quidem ovo similius esse possit* &c.

Atqui contrarium *Opsopœus* in Notis in hæc carmina passim, ut infrà audiemus, ad oculum demonstravit: quod etiam quilibet Græcam linguam mediocriter doctus ex collatione horum carminum cum Homeri charactere observare potest, ut mirandum sit, hunc insignem, de græcis cumprimis literis meritissimum virum præ facilitate credulitatis in hac Phœbade non vidisse ea styli ఊπωματα, quæ non descriptoris negligentia, sed scriptoris ignorantia commisit: Ut dicere quis posset de hac devotione erga hanc Pythiam: *Quisquis amat ranam, ranam putat esse Dianam*.

Ad argumentum *de nimia temporis diuturnitate, ad quam vita Erythreæ, si ea cum Noha in arca, ejusque nurus fuisse statuitur, extendenda esset, quia etiam de Ilij excidio & Græcorum victoriâ, imò de ipsius Æneæ adventu in Italiam, & fatalis terræ Inventione oracula tradat, Hectore atque Priamo, Peleo & Achille nominatis, quorum ætatem utiq̃, attingere non potuit*. Ad hoc argumentum, quod insolubile videtur (hoc enim pacto hæc Erythræa Trojanum excidium attigisset, ac ultra millenarium vixisset, quia diluvium, in cujus undis se profitetur cum Noha in arca fuisse, in annum Mundi 1656. Trojæ a. excidium in annum 2721. incidit) ad hoc, inquam, argumentum hæc *Schmidij* est responsio: *Sibylla oraculum non eo sensu esse accipiendum, ac si illa αὐτοπρεσωπως Græcis adversus Ilion victoriam, Ænea contra Italiam promisisset; sed hos eventus in illius oraculis prædictos, à Græcis deinceps ex his ipsis Oraculis collectos fuisse. Non obstare, quod Hector & Priamus, Peleus & Achilles nondum nati, fuerint nominati: Neque enim in Prophetiis infrequens esse, Nomina personarum ante Personas extare, sicut Cyrus sive Cores diu ante nativitatem suerit nominatus*.

Sed

VARIÆ.

Sed respondemus, si obtineri posset hæc assertio, *in Prophetiis infrequens non esse, nomina personarum ante personas extare*, solutio, hæc Schmidiana argumentum objectum elumbe redderet? Sed quando, quod postulatur, obtinebitur? Unicum exemplum de Cyro ante nativitatem ab Esaia nominato non facit regulam, sicut una hirundo non facit ver: quot urbibus minatus est Deus excidium & eversionem, verbi gratia; Ipsis Hierosolymis, eversoribus tamen, v. g. Nebucadnezare ac Tito Vespasiano multo ante tempore nominetenus non expressis; exinde argumentum non topicum, sed necessarium est, quando argumentamur: *Erythræa in Oraculis de excidio Trojæ Hectorem atque Priamum, Peleum atque Achillem nominetenus exprimit*: Ergò *etiam eorum tempora attigit, & consequenter cum Noah in arca non potuit esse*.

Ad argumentum de materia, *Non esse verisimile, extra Ecclesiam Dei esse de Christo & Anti-Christo tam expressa vaticinia, qualia huic Erythræa adscribuntur*; respondet: *Neque hanc Erythræam fuisse extra Ecclesiam, consequenter nec Ethnicam, sed ex familia Noha, & Iapeti conjugem* &c. Sed hoc modò fuit dilutum. Magorum & Bileam exemplum nihil efficit, quod tanquam singulare solennitatem vaticinandi, qualem oracula tum Erythræ, tum reliquis Sibyllis his octo libris adscripta præ se ferunt, nondum arguit.

Tandem argumentum à claritate & perspicuitate horum oraculorum desumptum, quod *Casaubonus* supra potenter strinxit, *Schmidius* in dicta orat. fol. 1508. ita solvere tentat: *Tantâ claritate miseris Gentilibus, qui in tenebris ignorantiæ sederint, opus fuisse.* Elucescere inde *bonitatem Dei, seriamque voluntatem, ut omnes ad filium suum convertantur. Secus gentes scire non potuisse, virginem parituram esse, nisi tam clara vaticinia habuissent.* Esaianum Oraculum, *Ecce Virgo concipiet* &c. Gentibus fere ignotum fuisse, *& vix à Iudais non in dubium vocatum* &c. sine his oraculis nec *Ovidium* scripturum fuisse de *Cæsare Augusto*, quod visurus sit prolem sanctâ de virgine natam &c. licet hoc de Tiberio, Livia ab Augusto adoptato filio intellexerit; quod & Virgilius in quarta Ecloga fecerit. Nec tam clara fuisse hæc oracula ante eventum, ut jam sint per Christum completa, utut circumstantia à Sibyllis fuerint expressa, quas Evangelistæ de miraculis, de passione & morte Christi referunt. Venturum esse Regem de Cælo, qui inter alia miracula quinque millia hominum quinque panibus, & duobus piscibus sit satiaturus &c.

ANNOTATIONES

Piè hæc videntur scribi, sed causæ præsenti parum analogè: fortiùs argumentum à *Casaubono* est adstrictum, quàm hîc à doctissimo, *Schmidio* solutum. Cur gentes majori claritate revelationis opus habent, quam cives sanctorum, & domestici Dei? Annon naturales tenebræ, de quibus in admirabile lumen Dei vocamur, utrobique sunt: uniusmodi, solo revelationis lumine dissipandæ, discutiendæ? Si ex hac majori claritate horum miraculorum erga gentes elucet Dei bonitas, consequens erit, bonitatem Dei erga populum suum in Ecclesia minorem fuisse, quàm erat erga gentes extra Ecclesiam: Imò vocationem ad gratiam etiam extra Ecclesiam (extra quàm tamen non est salus) quàm in Ecclesia clariorem esse, quæ quis admittat? Quid enim respondebimus Regio Psalti, bonitatem Dei erga Ecclesiam ob revelationem sermonis soli Ecclesiæ, seclusâ omni natione aliâ, prædicanti, quando inquit: *Qui annuntiat verbum suum Jacob, justitias & judicia sua Israel. Non fecit taliter omni nationi, & judicia sua non manifestavit eis*: Psalm 147. ⅴ. 19.20. Gentes citra Erythræa oracula scire non potuisse, Virginem parituram esse filium, falsum est, quia aditus ad Ecclesiam etiam in V. T. ipsis non fuit occlusus, in quia hoc mysterium, ex Esaia αὐτολεξεὶ discere potuissent, ut constat ex aggressu proselytorum ad Ecclesiam, qui frequentissimus fuit in V. T. Et esto, sciverint hoc ex his oraculis, *Virginem parituram esse filium*, quid profuit eis hæc scientia, quæ ideò salutaris non fuit, qui solertissimi inter eos, quales fuerunt poetæ, *Ovidius* & *Virgilius*, iste de *Tiberio*, hic de *Salonino*, Pollionis filio, id fuerunt interpretati, Messiâ ipsis plane manente incognito. Vaticinium, quæ κατα τὸ ῥητὸν, eventum sine ænigmatis cum omnibus circumstantiis describunt, ut nihil, nisi quod futura sunt, ab historia, quæ factum refert, differant, quemadmodum multa oracula Sibyllina se habent, in illis claritatis gradus non habent, sive futura sint, sive completa coram oculis versentur: quod de vaticiniis prophetarum dici non potest, quorum vix ullum clarius est, quàm Esaianum, *Ecce Virgo concipiet, & pariet filium*: Quod tamen Erythræa (si quidem id Erythrææ est) & nomine Deiparæ, & loco nativitatis illustrat; *Ecce*, inquiens, *Virgo Maria pariet puerum Iesum in Bethlehem*. Hactenus de argumentis pro authentia octo librorum Sibyllinorum carminum, ut extant, &. Sibyllarum nomine circumferantur.

Deci-

VARIÆ.
Decisio quæstionis hactenus in utramque partem disputatæ.

Quid concluditur ex argumentis hactenus pro & contra reciprocatis? Ergone octo libri, oraculorum, qui Sibyllarum nomine publicati extant, non sunt Sibyllarum, sed Sibyllis suppositi? quod quidem ex disputatione, hactenus ex gravissimis auctoribus, ut & gravissimis rationibus agitata, sequi videtur?

Quò major est autoritas eorum, qui hanc quæstionem affirmant, & pro authentiâ horum librorum in acie stant, ut ea omninò maxima est, quorum nomina Ecclesiæ lumina sunt, ut juxta antiquos Scriptores, *Justinum Martyrem, Theophilum Antiochenum, Athenagoram, Clement m Alexandrinum, Firmianum Lactantium*, & alios, quos hæc oracula contra gentiles allegasse legimus, etiam sunt nostri & nostrates, *Franzius, Iacobus Martini, Gerhardus, Iacobus Boissardus*, & cujus argumenta modo ventilavimus, *Erasmus Schmidius* (quanti Theologi, quanti Philosophi & Philologi) quò major, inquam, est horum virorum autoritas, eò durius est, & reprehensioni proximius, hanc quæstionem negare, & his libris abjudicare autoritatem authenticam qualiscunq; vel tandem illa sit, quos antiquitas & superior ætas ferè unanimi consensu pro Sibyllinis habuit, iisque θεῖόν ἢ subesse fuit opinata; à quorum consensu sine rationibus urgentissimis discedere modestum ingenium nefas ducat, ut tacere malit, quàm loqui cum eorum præjudicio. Verùm quid agamus, ubi progressu temporis, quod multa aperit, in propatulo est veritas, & Sol in horizonte nostro verticaliter radiat, magnisque nominibus non tàm ignorantia, quam credulitatis aliqu indiu imposuit facilitas, ut supposititios libros pro genuinis habuerint, qui vel tandem pseudepigraphi sunt deprehensi? quemadmodum *Casaubonus* loc. sup. allegato, Apparatus Num. XVIII. fol. 73. plurium adhuc librorum mentionem facit, qui sub nomine etiam *Domini Iesu & Apostolorum, aliorumque Sanctorum* fuerunt publicati, quos Gelasius Papa in suo, & Romani Concilii decreto enumerat, sed ab Ecclesia tandem fuerunt rejecti. Non tamen levis, sed ratione tum temporis nixa fuit Patrum in recipiendis his libris facilitas, quæ tempore opus habuit, donec vel tandem, ut nunc est, veritas fuit manifestata: quod etiam *Casaubonus* vel tandem agnoscit, quando l. c. paginâ versâ subjungit: *Sed tempore opus erat, ut ssuus detegeretur.*

ANNOTATIONES

Restat, ut ambage semotâ edisseramus, quæ nam vel tandem de his libris & oraculis sit nostra sententia. Statuimus ergò, nec omnia, nec nulla in iis extantia oracula, Sibyllis esse tribuenda: Non omnia, ob argumenta superius allata, quæ maximæ parti horum librorum suppositionis larvam detrahunt; Non nulla; quia dubium non est, quicquid in his libris genuinè Sibyllarum est, tincturam esse eorum, quæ supposititia sunt, ne figmenta colore careant. Quod nec ipse *Casaubonus*, quamvis acris hujus suppositionis censor, negat; *Scio*, inquiens, *Origenem contra Celsum, qui hoc nomine Christianos acriter suggillabat, ad vetusta exemplaria provocare, in quibus inveniuntur. Neque nos sane negamus, multa divinitus potuisse dici à paganorum vatibus*, (quod ipsum cum grano salis accipiendum est) *non minùs, quàm ab asina Balaam; Illa tantum rejicimus, quæ arcana religionis nostræ apertius explicant, quàm factum sit unquàm à Dei Prophetis*. Quàm ipsam, tanquam mediam sententiam etiam D. *Calovius* in *System. Locorum* de Sibyllarum autoritate pag. 444.445. liberali manu dat; *Nec fabulosa*, inquiens, *omnia, vel conficta de Sibyllis statuentes, nec omnia, quæ sub Sibyllarum nomine adducuntur, pro veris certisque admittimus; cui sententiæ*. statim subjungit, *ut calculum nostrum adjiciamus, ab istâ quidem parte autoritas fide digna, ab hac verò ratio prægnantissima suader* &c. In quam eandem sententiam in suo *Zoroastre Bactriano* pag. 226. etiam Dn. *Iob. Henricus Ursinus*, pleno gradu concedit; quando scribit: *Dissimulare tamen non possum, eorum nec* (sphalma est, ut contextus evincit typographi, nec pro me exscribentis) *accedere sententiæ, qui hæc Sibyllina carmina, quæ hodie extant, libris octo comprehensa, de quibus quæstio agitatur, maximâ sui parte supposititia esse censuerunt. Certè qui negaverit, pleraque post Prophetas, post Evangelium, excogitata, verbotim ex sacris literis delibata; ille idem Solem lucere mero meridiè negare audeat*. Tractaverunt hoc argumentum *Casaubonus contra Baronium, & vindex ejus Capellus contra Rosmeydem, ut & Opsopæus* &c.

Quia autem *non tàm facile est vera invenire, quàm falsa*. ut inquit Cicero, *redarguere*, maximè in iis, quæ sunt meræ revelationis, & humanâ ope difficulter dignosci possunt, operæ pretium est in hac disquisitione ad sequentem regulam inconnivis oculis attendere:

Quæ.

VARIÆ.

Quæcunque oracula sub nomine Sibyllarum ante Chri-
stum natum, aut seculo proximè subsecuto à scriptore
ethnico, aut non-Christiano allegata inveniuntur, illa
indubiè præsumuntur genuinè esse Sibyllina?

Ratio est, quia suppositionis Christianorum suspicione carent: exemplí
gratia, lib. tertio Oraculorum habetur oraculum, non procul ab initio, de turre Babylonica, quod ita habet:

Ἀλλ' ὁπόταν μεγάλοιο θεῦ πλέοντα ἀπειλαί,
Ἃς ποτ' ἐπηπείλησι βροτοῖς, οἱ πύργον ἔπυξαν
Χώρη ἐν Ἀσυρίη ὁμόφωνοι δ' ἦσαν ἅπαντες,
Καὶ βύλονσι ἀναβῆν εἰς οὐρανὸν ἀστρόεντα
Αὐτίκα ἀθάνατ[ος]*
Πνεύμασιν. αὐτὰρ ἔπι τ' ἄνεμοι μέγαν ὑψόθι πύργον
Ρίξαν, καὶ θνητοῖσιν ἐπ' ἀλλήλας ἔριν ἄρσαν,
Τύνεκα τοι Βαβυλῶνα βροτοι πέλει οὔνομ' ἔθεντο.

    Hoc est:
Sed cùm Magni Dei fiebant mina,
Quas olim minatus fuit mortalibus, illi turrim ædificarunt,
In terra Assyriaca; unius soni verò erant omnes,
Et volebant ascendere in cælum stelliferum,
Continuò immortalis *
Flatibus: Verùm postquàm venti magnam desuper turrim,
Projiciebant, & mortalibus invicem lis fuit mota,
Propterea Babylonis miseri civitati nomen imposuerunt.

Hoc oraculum genuinum, non suppositicium esse, ex eo concluditur, quia Josephus l. 1. Antiq. Jud. C. 5. sequentibus verbis hoc allegat:
De turri autem hac, deque linguis hominum mutatis, meminit & Sibylla
his verbis: Cum universi homines uno eloquio uterentur, turrim ædificarunt
quidem celsissimam, quasi ad cælum per eam ascensuri. Dij verò procel-
lis immissis turrim subverterunt, & suam cuique linguam dederunt, qua
causa fuit, ut urbs ea Babylonis vocabulum acceperit. Annon, si Sibyl-
linus

ANNOTATIONES

linus textus hiatu mancus non effet, ferè αυπλεξα cum allegatione Jofephi hoc oraculum confonaret? Quis verò Judæum, qui Jofephus erat, aliquid, quod in Chriftianorum religionis favorem cedit, fuppofuiffe credat?

Hac regulâ obfervatâ etiam acroftichis, quæ *Erythræa* ab Eufebio tribuitur, absque dubio pro verè Sibyllinâ habenda effet, fi certum effet, effe illam eandem, cujus Cicero mentionem facit libr. II. de divinatione; cujus primis verfuum literis aliquid connectebatur, ut in quibusdam Ennianis, quæ Ennius fecit: Tum temporis enim, Chriftianis nondum extantibus, à Chriftianis nulla fieri potuit fuppofitio. Sed de hac acroftichide infrâ fuo loco ex profeffo.

Sic etiam fi carmen *Cumæa*, quod Virgilius Ecclogâ IV. imitatus eft (quicquid, ut mox audicmus, in contrarium affertur) etiamnum in his Sibyllinis libris ita fynopticè extare demonftrari poffet, ut modò oraculum de Turri Babel & linguarum confufione à Jofepho allegatum demonftravimus in libro tertio horum oraculorum, non procul ab initio extare, planum effet, effe illud per hanc ipfam regulam confequenter genuinè Sibyllinum; quia hoc in paffu idem ex *imitatione* fequitur, quod regula noftra ex *allegatione* fequi tradit, ut è veftigio ex Virgilii Eccloga fumus demonftraturi. Et hæc quidem de quæftione, fuprà de libris octo Oraculorum, Sibyllis adfcriptorum, propofitâ fufficiant: Conferri tamen poffunt, quæ *Marefius* in Syllog. difput. part. fecund. pag. 489. feqq. thefi XXVII. & feqq. de hoc ipfo argumento prolixè, & in plerisque folidè difputat, atque thefi XXXIV. & feqq. probabiles rationes & argumenta affert; ea, quæ fub Sibyllarum nomine ψευδεπίγραφα funt, & circumferuntur, *Montanum* hærefiarcham confinxiffe: ad quæ, quia prolixiora, fed & lectu digna funt, lectorem remittimus.

De Ecloga IV. Virgilii.

Vtrum Poëta in illa carmen aliquod Sibyllinum fuerit imitatus?

(*k p. 1. & feqq.*) Hiftoriam de Sibyllâ Cumæâ, quæ novem libros Tarquinio Prifco pro certo pretio obtulit, fex eorum combuffit, tres tan-

VARIÆ.

eundem vendidit, scriptores ferè unanimi calamo testantur, utut Livius eam non recitet, quod veritati hujus historiæ nihil demit, quia in historicis ab autoritate negativè argumentari non licet: quod ipsum de diversitate circumstantiarum historiæ, tum hujus, tum Sibyllarum in genere observandum est, eam substantiæ rerum gestarum negationem non inferre, verbi gratiâ, quod *Lactantius* ex *Varrone* refert, hanc à Cumæâ fatidicorum librorum venditionem factam esse regnante *Tarquinio Prisco*, quam Plinius, Gellius, Servius, alii de *Tarquinio Superbo* referunt, qui multis annis post *Tarquinium Priscum* regnavit. Quæstio principalis, quàm expressimus, nunc nostra Helena sit; *Vtrum Virgilius in Ecloga indigitata, cujus initium est*, Sicelides Musæ &c. *Sibyllinum quoddam Carmen fuerit imitatus, nec ne?* puta transferendo id, tum ad *Salaninum*, recens natum *Pollionis*, Consulis Romani, filium, tum ad Cæsarem *Augustum* ipsum, certo respectu ad utrumque habito. Hanc enim quæstionem si affirmando obtinebimus, inviolabiliter consequens erit, Sibyllam Cumæam de Christo Jesu nascituro, regnaturo, populum salvaturo, aliquod oraculum protulisse: probato enim, Virgilium tale aliquod carmen fuisse imitatum, probatum erit, ipsum id legisse; secus qui illud imitari potuisset? probatum simul erit, omne abfuisse suppositionis à Christianis factæ periculum, quia Christiani tempore Augusti, quo Poëta floruit, nondum fuere: quod argumentum me movet, ut huic, saltem per imitationem à Poëta expresso Carmini in asserendis Sibyllarum oraculis de Christo ferè plus tribuam, quàm reliquis Σιβυλλιασμοῖς ferè universis, ut quidem ex octo libris expressa circumferuntur: Et hoc quidem ob duas urgentissimas rationes consequentiæ; tum quia prædicata, quæ Poëta vel *Saloninæ*, vel *Augusto* in hac Ecloga per quandam ἀποθέωσιν tribuit, in ipso Cumanæ Oraculo de progenie novâ, cœlo descendente, ideò propriè sunt intelligenda, quia quæ tropicè transferuntur à subjecto ad subjectum aliud, ex naturâ analogiæ propriam significationem in subjecto, à quo fit translatio, necessariò præsupponunt; tum quia, ut dixi, *Cumanæ* carmen tum temporis ab omni suspicione suppositionis de Christianis præsumendum, fuit immune.

Hic in contrariam ferè sententiam ire observamus Cl. *Dn. Johannem Henricum Boeclerum*, celeberrimum temporis nostri Criticum, Virum, de re literariâ meritissimum, qui in *Dissertatione in hoc quartum Buccolicum*

non ita pridem publicatâ, inter alia pag. 7. equidem rectè negare videtur,
*Virgilium in laudando Cumæo Carmine ad suppositita Sibyllina, ut nunc
extant, respexisse*, sententiam tamen suam ita proponit, ut, licet videri
possit, quod oraculum aliquod ex Sibyllinis libris, sive fatalibus, qui
perierunt, proditum agnoscat, id tamen non, nisi de instauratione magnâ, & instauratore sive regio, sive divino aliquo Romanorum; quod
Virgilius sententiis seculo ἡγεμονικῷ, sive aureo describendo usitato
extulerit, intelligendum esse putet: addito, *Albericum Gentilem putare, non dubitandum esse, quin Virgilius confeceris versus plures de Sibyllinis versibus; quod ideo avidè amplecti non possit, quia Σίβυλλα ἔνεκα penitus ignoremus.* Imò, addit porrò, quid? si Probi explicatio probasit,
qui *Cumæum carmen pro Hesiodeo accipiat*; Hesiodum enim Cumæum
esse, juxta Suidam in voce Hesiod. in adolescentia Ascram Bœotiæ transla-
tum, cui sententia Stephani testimonium de Vrbibus congruat, ut Cumæum
carmen poeta eodem sensu dixerit, quo alibi Ascræum, neque enim Ascræum
magis, quàm Cumæum esse Hesiodum, apud quem doctrinam de successione
ætatum accuratè descriptam habeamus, unde & Virgilius aliqua in hanc
Eclogam eruditâ imitatione transtulerit, sicut annotaverit Fulvius Vr-
sinus. Nec de cætero ineruditam esse μετάφρασιν in græco versu, cum dici; Oraculi Cumæi fortiterìς τέλος ad finem venisse: Vltimam enim ætᴀ-
tem Cumæi Carminis *non esse illam auream, quam hæc Ecloga celebrat, sed eam, quæ antecesserit, & attulerit, seu portenderit instaura-
tionem rerum.* Hactenus verba penè formalia Dn. Bucleri. Expendá-
mus singula breviter; calamo à veneratione Viri minimè alieno.

I. Transeat, Virgilium in laudando *Cumæo Carmine* ad supposititia Sibyllina, ut nunc extant, non respexisse; nec nos respexisse opi-
namur.

II. Hoc ipsum est, quod nos statuimus, non nisi ex eo, quod de hujus
Sibyllæ carminibus perditum est, hanc Eclogam esse desumtam: id autem, ex quo desumta est, non de Christo, sed tantum de fatalibus Romani status agere, in quæstione est, τὸ κρινόμενον est: Nos argumento; ex analogia Comparatorum desumpto modò contrarium demon-
stravimus.

III. Annon ἀκόλουθα sunt; concedere, *hanc Eclogam ex eo carmine Cumæo esse desumptam, quod perditum est*: Et affirmare, *Poetam nullos versus*

VARIÆ.

*** de Sibyllinis versibus confeciſſe? Ratio, quæ additur, non arguit, quia negatur. Neque enim probari poteſt, nos Σιβυλλιακὰ penitus ignorare; Qui enim falſa cum veris tolerat, quod Opſopæus, judicioſus in hanc rem inquiſitor, de octo libris horum oraculorum agnoſcit, quando ſcribit: quia tàm facile vera invenire, quàm falſa redargnere non licet, falſa cum veris, & mala cùm bonis toleranda eſſe; is profecto vera penitus ignorare non poteſt: Nec, conceſſo, nos vera Σιβυλλιακὰ penitus ignorare, conſequens eſt, Virgilium nihil Sibyllinum, verbi gratia, Cumæum, in hoc Bucolico imitatum eſſe; quia ſufficit, Cumæum Carmen ad imitationem ſui Bucolici Virgilio non incognitum fuiſſe, utut nobis à priori incognitum ſit, dummodo conſtet, ipſam id imitatum fuiſſe.

IV. Affectatè quæſitum eſt, quamvis ſpeciem habens, quod de Heſiodo affertur, illum tàm Cumæum, quàm Aſcræum fuiſſe, ut proba videatur eſſe Probi explicatio, quâ per Cumæum carmen Heſiodeum ſumatur: negatur hæc explicatio eſſe proba; quia in eo ipſo carmine, in quo Heſiodus de ſucceſſione ſtatuum agit, nempe in Operis, Aſcræus inſcribitur, non ſecus ac Chriſtus, non à loco nativitatis Bethlehemiticus, ſed educationis Nazaræus vocatur, Matth. 2. v. 23. Ut taceamus, in Heſiodo nec volam extare, nec veſtigium illius inventionis in realibus, quod de quopiam, ex virgine naſcituro, de cælo deſcenſuro, longè latèque regnaturo, terras ob ſcelera noſtri veſtigia perpetuâ formidine ſalutemus, Virgilio in hoc Bucolico materiam imitationis promere potuiſſet, utut de aureâ ætate aliquid eſſet, ad quod illa verba, *Et toto ſurget gens aurea Mundo*, alludere videntur. Hinc nec Boxhornius in Hiſt. Univerſali, in qua à p. 19. usque ad 25. accuratè de hac Ecloga agit, diſſimulat, Cumæum Carmen, quod Virgilius imitatus eſt, Cumæa non eſſe; hoc ſaltem negans, quod origine Sibyllinum, & non potius Propheticum ſit; quod & nos damus, in hoc ſaltem diſtantes à Boxhornio, quia nos Sibyllam vaticinatam eſſe ſtatuimus inſpiratam à diabolo, qui hæc de Chriſto vaticinia longè acutiùs, quàm Sibyllæ, ex prophetiis concludere potuit; è contra Boxhornius putare videtur, Sibyllam hæc ſua de Chriſto oracula tantummodo ex converſatione Judæorum, & ex prophetis habuiſſe.

V. Nodus in ſcirpo eſt, qui in μεταφράσει græci verſus quæritur, quo Oraculi Cumæi ſors εἰς τέλος ad finem veniſſe dicitur. Quomodo enim probabitur, ultimam ætatem in Cumæo carmine non eſſe illam auream, quam hæc Ecloga celebrat? quia carmen Cumæum non amplius extat, ex quo etiam ordo ætatum, quem *Cumana* obſervavit, colligi poſſet: quia omninò probabile eſt, eam ideò per *ultimam ætatem* in carmine ſuo *aureum*, quam hæc Ecloga innuit, intellexiſſe, quia vaticinia de regno Chriſti, ex quorum collectione diabolus Sibyllis ſua Oracula inſpiravit, ſub imagine ſeculi ἡγεμονικȣ̃, eam felicitatem noviſſimorum ſub Meſſiâ temporum promittunt, quæ *plus, quam aurea* eſt, ad innuendum regni Chriſti felicitatem ſpiritualem, conſiſtentis *in juſtitia, pace, & gaudio in Spiritu* S. Rom. 14, 17. ut rem acu non tangat, qui putat, Cumanam eam notaſſe, intellexiſſe quæ *anteceßit*, & *attulit*, ſeu pertendit *inſtaurationem rerum*.

Stat ergò ſententia; argumentum, quod Sibylla de Chriſti nativitate, paſſione, morte, & regno vaticinata fuerit, vix certius haberi, quàm hanc ipſam Virgilii Eclogam, ob indubitatam, & à ſuſpicione ſuppoſitionis omninò liberam αὐτενϊκαι Cumæi carminis, cujus imitationem, & applicationem ad *Saloninum*, *Auguſtum*, & *Auguſti temporæ* Poëta apertâ confeſſione profitetur, inquiens,,

Vltima Cumæi venit jam Carminis ætas!!

Utut nihil minus, quàm Chriſtum in animo habuerit, eùm hanc Eclogam ſcriberet, & ad *Saloninum* atque *Auguſtum* Cæſarem applicaret; quemadmodum Cl. Bœclerus Euſebium l. c. rectè corrigit, opinantem, *Poëtam non ignarum myſterij de Chriſto fuiſſe, ac veritate occultatâ verbis ad uſitatam Ethnicorum religionem pertinentibus, uſum oſſe*; quæ ſententia etſi pietati credulitatis Euſebianæ ſit tribuenda, nuncua cenſoriam virgulam meritò ſuſtinet. •

Borrò valdè operoſus eſt Dn. Bœclerus in maximâ parte ſuæ *Diſſertationis* refutando Euſebii explicationem, quâ tota Ecloga ad Chriſtum applicatur, & καΐα τὸ ῥητόν de nemine alio, niſi de Chriſto intelligi poſſe demonſtratur; διαρρήδην negans, quòd *vel Chriſtus, vel nova aliqua διαδοχη populi Chriſtiani in ea* ex Virgilii intentione deſcribatur; econtra omnes & ſingulos verſus partim ad *Saloninum*, Pollionis πρωτότοκον filium, partim ad *Auguſtum Caſarem*, partim ad *felicem ſtatum ἡγεμονικὸν* ſub Auguſto ex Poëtæ intentione referens; in qua refutatione & demonſtratione iterum calculum ejus interpretationi liberaliter adjicimus; poſthabito Euſebio, qui etiam Virgilio incarnationis myſterium cognitum fuiſſe pientiùs, quàm ſolidiùs ex hoc poëmate collegit: Quod autem in intentione inſpiratoris & revelatoris hujus Carminis, quicunque vel tandem ille fuerit, nec Chriſtus,

nec

VARIÆ.

sive nova διαδοχὴ populi Christiani τὸ σημεῖον συλλεγόμενον fuerit, & quod tale quid ex hac Ecloga hoc argumento, quia Virgilius Cumææ carmen erudita ad Saloninum, & ἡγεμονικὸν sub Augusto statum imit tione transtulit, per consequentiam concludi non possit, hoc est, in quo Clar. Boeclerus nos dissentientes habet. Si enim hæc consequentia admitteretur; *Virgilius ea, quæ de novâ progenie è cœlo descensurâ, & ex virgine nascitura Cumæa Sibylla prædixit, ad Saloninum, ad Augustum & ἡγεμονικὸν sub Augusto seculum transtulit*: Ergò **Cumæa** nihil de Christo, nihil de ejus regno, & novâ διαδοχῇ populi Christiani prædixit; hæc, inquam, consequentia si valeret, quæ non incommoda consequerentur? optandum esset, ut authenticum **Cumæa** Carmen, quod Virgilius, Augusti interioris admissionis cliens, procul dubio ex singulari indultu sibi communicatum habuit, & in hac Ecloga imitatus est, adhuc extaret, ne tantùm de typo ex quasi antitypo, & de corpore ex umbrâ judicium ferendum esset.

Interim habemus consentientem etiam **Maresium** in suprà cit. Syllog. part. secund. pag. 494. thes. XLIII. ubi inquit : *Idem omnino judicium faciendum de illo Sibylla Cumææ vaticinio, quod extat apud Virgilium Ecloga 4. & cujus scribendæ occasionem & materiam aliquam, citra dubium, ex libris Sibyllinis, qui tum extabant, aut pro talibus venditabantur, ingeniosus Poeta desumpsit.* Desumtam, addit, dico ex libris Sibyllinis, qui tum extabant: Item, *Constantinum magnum justo humanitus de Virgilio, ac si & is in scribenda hac ex Sibyllino carmine de Messia Ecloga cogitasset, sensisse; ac Sibyllam astu dæmonis, illa suis augmentis refersisse* thesi XLVIII. scribit : allegatis simul planè in nostram sententiam *Ludovico Vive* ad c. 27. l. 10. de C. D. August. & *Usserio* eruditissimo ex Tom. 2. Annal. V. T. an. 40. ante Christum. Et hæc quidem de Ecloga Virgilii.

(l. pag. 6.) vide Institutiones nostras Historic. lib. 2 c. 2. in quo quaternarius numerus Monarchiarum ex Dan. c. 2. ℣. 31. & seqq. probatur, & capp. seqq. usque ad finem libri contra Bodini plausibiles objectiones defenditur.

(m. pag. 7.) Esa. 7. ℣. 14.
(n pag. ead.) Genes. 3. ℣. 15.
(o. pag. ead.) 1. Cor. 15. ℣. 47.
(p. pag. ead.) Joh. 6. ℣. 38.
(q. pag. ead.) Genes. 49. ℣. 10.

ANNOTATIONES

(1.pag.7.) *Eusebius* de vita Constantini Imp. lib. V. fol. 227. & seqq.
(1.pag. ead.) *Augustinus Epist. 156. ad Marcellinum.*

(1.pag.7.) *De acrostichide, ab Eusebio Sibyllæ Erythrææ adscriptâ, an ea sit authentica, nec ne?*

Fuit authentia Cumææ Carminis de Christo; utinam acrostichis, ab Eusebio Erythrææ adscripta, tam extra teli jactum, ac illa, constituta esset, & dubitationis aleâ careret, ut eam carere arbitratus sum, cùm Orationem hanc haberem, & tantùm non intrepidè profiterer, nihil in contrarium suspicandum esse. Cur enim fucum lectori faciam, aliter scriptam, quàm habitam Orationem exhibendo, quem Auditor protinus animadvertet? Cardo quæstionis est; *sit ne hæc Acrostichis Erythræa genuina, an supposita?* Cur in affirmativam inclinaverim, movit me, ut lector in oratione videt, tùm ratio, tum testium tàm veterum, quàm recentiorum autoritas, quæ & ipsa, imprimis quod ad Eusebium, ratione non contemnendâ nititur. Annon solidum argumentum videtur, quod ex vigilantiâ Romanorum est desumptum, præ quâ vix quicquam potuit in his carminibus admittendis esse non genuinum: quam vigilantiam etiam Onuphrius lib. de Sibyllis ex Lactantio, & aliorum veterum scriptis testatur; *Horum*, inquiens, *librorum custodia ILViris primùm, deinde XViris, postremò LXViris sacris faciundis commissa fuit, eosque ab aliis præter eos aspici, aut legi nefas erat, ut Lactantius tradit: Atque ut paucis verbis multa comprehendam, nihil Romanis neque sanctum, neque sacrum, ita custodiebant, quemadmodum hæc Sibyllina divinitùs (ut existimabant) missa oracula; & cùm Dii immortales de rebus adversis consulendi essent, remediumque aliquod malis quærendum, uti de aliquâ intestinâ civilique seditione, vel bello externo, aut pestilentiâ urbem vexante collectâ, de funestorum exitiabiliumque casuum remediis, ut Cannensis cladis, pacis Caudinæ, de prodigiis expiandis, cæterisque rebus adversis, hos libros quasi ad Oraculum præsentaneumque remedium LXVIris sacris faciundis adire solebant, in his omnium malorum remedia inveniri posse existimabant.* Quod ipsum dum Eusebius à Christianis post Christum factum esse testatur, refutans eos, qui hanc acrostichidem πεποιῆσθαι dixerunt, simulque asserens, Ciceronem eam legisse, suisque Commentariis intulisse; quis quæso de ejus authentiâ dubitandi,

VARIAE.

*****, vel suppositionem à Christianis factam suspicandi locus reliquus esse potuit? Num carmen, quod ante Christum natum ex Eusebii testimonio extitit, à Christianis nondum ***antibus suppositum esse credamus? accedente etiam Augustini testimonio, qui Eusebio calculum adjicit, & l. 18. de C. D. c. 23. de hac, ipsa acrostichide scribit : *Vir Clarissimus Plossianus, qui etiam Proconsul fuit, homo facilimae facundiae, multaque doctrina, cùm de Christo colloqueremur, graecum nobis codicem protulit, carmina esse dicens Sibyllae Erythraeae* &c. En codicem graecum, in quo haec acrostichis de Christo extitit, non a plebeo subselli, vel suspectae fidei Christiano, sed à Proconsule Romano, Augustino prolatum & communicatum ! Summatim tantae autoritatis apud veteres Christianos fuit haec acrostichis, ut ex ejus literis initialibus Ἰησοῦς Χριστὸς Θεοῦ υἱὸς Σωτήρ fecerint nomen Ἰχθὺς, quod *piscem* significat, ut exinde Christianos Baptismo regenitos *Pisciculos*, & Baptisterium *Piscinam* appellaverint, ut *Tertull. de Baptis. Optat. Milevit. l. 2. contr. Donat.* testantur. Quid igitur mirum, si non tantùm Papistae, quibus quicquid antiquitatis veneratione splendet, aurum est, sed etiam orthodoxi nostrarum Ecclesiarum Theologi, *Prateius, Gerhardus, Martini*, ac reliqui ferè omnes, hanc ipsam de Christo scriptam acrostichidem pro genuino *Erythraeae* foetu habuerunt, & pro satidica unanimi ferè calamo sunt exosculati ? ut qui cum multis, tàm apud veteres, quàm neotericos maximae autoritatis viris aut errant, aut titubant, non infimum gradum excusationis mereantur, si progressu temporis meliora docti, de asserta sententia aut dubitent, aut cum Penelope sententiae telam retexuit, quod ipsum quando in remittenda sententia de hujus acrostichidis authentia me facere non dissimulo, desultoriae credulitatis, quod spero, reus non habebor. Supposititiam, eam esse, *Opsopaeus* in Dissertatione, editioni Parisiensi χρησμῶν praefixa, ut & in notis in haec Oracula, argumentis minimè contemnendis demonstrasse videtur. Videamus ergo, ne quod incertum, uti non pro nullo, ita nec pro certo, habeamus. Ita autem habent verba *Opsopaei* pag. 63. 64. in allegatis notis : 1. *Hujus Acrostichidos ab Aldo & Gualdo olim edita nulli veterum, praeter Augustinum & Eusebium meminerunt, tandem tamen eruditis constat, quam Cicero viderit, & legerit, ut Colleguus è loco lib. de Divinatione secundo, quem suprà pag. 120. praemisimus. Sed quid de illo Carmine Cicero dubitat, hoc si Catholice respondet. Quid dicit Cicero, Sibyllam hominem temporumque* definitionem callidè sustulisse, non verè dicit. Nam ea ad finem secundi libri apertè dicit, tum venturum esse illum Regem immortalem toti orbi dominaturum, cùm Roma Ægypto imperare cœpisset: id quod accidit paulò post Ciceronem, sub Augusto, quà religio jam hominum animos occupaverat, cùm de reducendo in Ægyptum Ptolomæo ageretur (ut est in prima Familiarium epist. larum Ciceronis) qui Ptolomæus à Gabinio reductus est, Et paulò post : *Quod autem dicit de Acrostichide Cicero, malè omnino colligit. Quasi verò sit difficilius, Deo vates agitanti talia fundere carmina ex tempore, quàm Ennio adhibito & tempore, & diligentiâ.* His à Castalione repositis Opsopœus ita respondet : *Ego verò ei lubens tradito doctorum virorum consensui subscribo, duo sane tamen, quæ assensum inhibere possint. Primùm, quòd Iustinus Martyr, Theophilus Antiochenus, Athenagoras, Clemens Alex; & Firmianus Lactantius, crebri Sibyllinarum oraculorum laudatores, ne verbo quidem hujus Acrostichidis usquam meminerunt. Ac de prioribus quidem excusatio forsan aliqua afferri posset, de posteriore verò, hoc est, Lactantio quid dicemus, quatuor versus tribus libri 7. intervallis sigillatim adducente, qui in hac Acrostichide perscripti extant ? Futurum ne virum diligentissimum, & adhibendis Sibyllæ testimoniis accuratissimum, rem tanti ad Gentilium era obstruenda momenti silentio fuisse præteriturum ? Imò audacter Acrostichidis seriem inversurum, & auctoritatem ejus temerè elevaturum ? Nam qui versus ordine octavus per &c. incipit,* μιψουν, *apud Lactantium per T. præfixum scribitur* τειψουν. *Deinde dissensio est inter Lactantium & Augustinum, atque Eusebium de Auctore istorum versuum. Hi duo Acrostichidem Erythrææ tribuunt, ille versuum, quos citat, auctorem aliam ab Erythræa expressè ponit. Sed & Augustinus ab Eusebio dissidet in Acrostichidis titulo è versuum capitibus proveniente, quòd hic vocem* ςαυρὸς *superaddit, ille omninò non agnoscit, neque in libr. de Civ. Dei, neque in Oratione ad Catechumenos. Ista inquam*, concludit Opsopœus, *me dubitare faciunt: sententiam suam fortè interponent alij* Omnia modestè. Quod dubium ex quæstione, suprà sub litera (b) de authentiâ horum oraculorum in genere motâ, vires acquirit, inprimis, si, quæ Casaubonus ex nimiâ vaticinandi claritate eis objicit, cum hac acrostichide, ipsum nomen *Iesu Christi* αυτολιξεὶ, cum ejusdem ςαυρῷ exprimente conferamus, ubi audivimus arguentem, & ingenuè profitentem ; *Omnia hujus generis oracula, sive enunciata quo apertiora sint, eò fieri sibi suspectiora ; rationi-*

VARIÆ.

[...] iis [subjun]ctis, quæ ab analogia charismatis prophetici minimè abhorrent. Hæc cùm ita se habeant, fateor, me de hujus Acrostichidis authentiâ post habitam Orationem multò parciùs sentire, quàm sensi, cùm calamus eam conciperet, & memoria ejus propositioni coram auditoribus [suit] commodè [...] jam per me cuilibet licitum sit, invictè vel asserendi, vel de eadem dubitando ingenio abundare suo; quod etiam D. Calovius in Systemate Locor. part. I. de Sibyllarum autoritate pag. 447. facere videtur, ubi de hac Acrostichide equidem scribit, *Non apparere, intelligi eam, quam Eusebius commemorat; quanquam ea facilius admitti possit, quòd Sibyllarum de aliquot nominatis Christi miraculis, de [...]á coronâ de fusso templi velo medio, de trium horarum tenebris in morte Christi addita carmina, cùm hoc Acrostichos nihil conoineat, quod à Prophetis antea non fuerit prædictum.* Et hæc quidem de Acrostichide ab Eusebio Erythrææ adscriptâ.

(Bb. pag. 8.) Verba Clementis Alexandrini, quem Maresius in Syllogæ Disp. part. Sec. p. 491. thes. XXXIX. credulitatis nimiæ vitio laborasse ait, quòd libros Sibyllarum ab Apostolo Paulo commendatos fuisse scribit lib. IV. Stromat. ita habent: λάβετε τὰς ἑλληνικὰς βίβλους, ἐπίγνωτε Σιβύλλαν, ὡς δηλοῖ ἕνα θεὸν, καὶ τὰ μέλλοντα ἔσεσθαι: *Sumite Græcos codices, legite Sibyllam, quæ unum Deum, & res futuras declarat.* Non autem intempestivum est Casauboni judicium, quod de hac Clementis, Justini, Tertulliani & aliorum Patrum laudatione, [qua] Sibyllarum libros æstimant, in Exercit. contra Baron. Num. XVIII. fol. 7. fert; *Quis ignorat,* inquit, *Justinum, Clementem Alexandrinum, Tertullianum, & alios Patres libros sæpe laudare, quos jam nemo vel mediocriter studiis Theologicis imbutus dubitat Apocryphos fuisse. & quidem [...] aliquando non optimæ, ac prorsus [...]are optimo à Papa Gelasio, & Concilio Romano postea esse damnatos? sed tempore opus erat, ut fraus detegeretur.* Refero in hanc censum illa oracula Sibyllina, de quibus [diximus]. Nam quod Clemens Alexandrinus Paulum ipsum inducit Græcos remittentem ad libros Sibyllinos, & ad Hydaspis Oracula, ut de filio Dei vaticinarentur inde hauriant, traditio ea est, nullâ fide digna: siquidem ea θεόπνευστα, aut κανονικὸν eis adscribendum esse putemus; quin approbamus & sequamur Augustini Consilium, quo l. 1 b. XVIII. de C. D. cap. 47. dat, ubi scribit: *Quæcunq; aliorum Prophetia de Dei per Christum Iesum gratia proscrubitur, possunt putari à Christianis esse com-*

G

ANNOTATIONES

sita. Ideò nihil est firmius ad convincendos quoslibet aliorum, si de hac re contenderint, nostrosque fulciendos, si rectè sapuerint, quàm ut divina prædicta de Christo proferantur, qua in Iudæorum scripta sunt codicibus.

(Cc. pag. 9.) Vide Bellarminum l. 1. de Christo c. 2. ubi asserit, Sibyllas multa clariùs prædixisse, quàm ullus prophetarum; provocans etiam ad ipsum modò ventilatum Clementis testimonium. Atqui hæc ipsa claritas argumento est, ψευδεπίγραφα hæc tàm apertè de Christo vaticinantia carmina esse; quia prudenter credibile non est, hominibus paganis, Apollini, aliisve dæstris servientibus, ante adventum Christi velatum fuisse mysterium, quòd discipulis ipsis Servatoris nostri, qui tertium jam annum illi operam dederant, institutiónque ab ipso fuerat, paucis diebus ante Domini mortem erat occultum & ignotum. Neque tamen nos, inquit l. c. Casaubonus, *sanè neg*. *mus, multa divinitùs potuisse dici à Paganorum vatibus, non minus, quàm ab asina Balaami: illa tantùm rejicimus, qua arcana religionis nostra apertiùs explicant, quam factum sit unquam à Dei Prophetis:* nedum ut præsumamus, ex his carminibus contra Photinianos producere argumenta, qui Scripturæ imprimis N. Testamenti autoritatem canonicam agnoscunt, & argumenta à nostris Theologis ex ea eludunt; quid non cavillare putemus in iis, quæ ex Sibyllis producuntur, quemadmodum suprà in Oratione *Socinum* ex suo *Anti-Wieko* audivimus, negare ipsam Sibyllarum existentiam, *verisimile esse, narrationes de Sibyllis fabulas esse, & credendum* *potius videri, eas nunquam extitisse* &c. ut *Bellarminus* hâc operâ demonstrationis de Christo eleganter super sedere potuisset.

(Dd. pag. 10.) etiam Cicero l. 2. de divinat. hanc Plutarchi Philosophiam ridet, quando hic in libro, *Quare miracula expiraverint*, inter alias rationes etiam hanc assignat; *Vetustate evanuisse vim loci ejus, unde anhelitus ille terra fieret, quo Pythia incitatâ mente oracula ederet*; quam rationem Cicero lib. cit. ita exibilat: *De vino*, inquiens, *aut falsamento putes loqui, qua evanescunt vetustate, de vi loci agitur, neque solùm naturali, sed etiam divinâ; quæ quo tandem modo evanuit? Vetustate, inquies, Qua vetustas est, qua vim divinam conficere possit? Quid tàm divinum, quàm afflatus ex terra mentem ita movens, ut eam providam rerum futurarum efficiat, ut ea non modò cernat multo antè. sed etiam numero versuque pronunciet? Quando autem ista vis evanuit? An postquam homines minus creduli esse cœperunt?* Cæterum de origine horum oraculo-

VARIÆ.

culorum nemo melius *Iano Iacobo Boiſſardo* in Tract. poſthumo *de divinat.* cap. II. fol. 4. tractat., ubi ita ſcribit: *Quo tempore Deus inter Iſraelitas oracula reddebat per ſuos ſanctos Prophetas, Satan operum Dei æmulus & imitator, reſponſa quoque dabat hominibus in templis & Idolis, quæ ſibi erigi ubique curaverat, illudebatque miſeris mortalibus, eorum mentes miraculis faſcinans, ut eos ad ſuum cultum alliceret. Tunc quoque celeberrimum fuit per totum orbem terrarum Sibyllarum nomen, non ſolùm quamdiu in hac vita ſuperſtites fuerunt, dum oeſtro dæmonum percita, & inſano furore ac enthuſiaſmo extra ſe rapta plurima eventura pronuntiabant, ſed etiam poſt obitum ſcripta quædam reliquerunt, quibus populi adhæſerunt, & pro ſacris teſtimoniis voluntatis divinæ habuerunt* &c. De hoc enthuſiaſmo Proclus ad Porphyrium ita ſcribit: *Sibylla, quæ Delphis eſt, Deum in ſe admittit duobus modis; vel ſubtiliſſimo vapore calido, & ſicco igneæ naturæ, qui exhalat ex hiatu ſpelunca: vel ſedens in ſacuario, in aheneo tripode ſacro Apollini: utroque modo exponit ſeſe reſpirationi divinæ, quâ illuſtratur & occupatur radio ignis divini. Sicut, interdum, ut flamma ingens ſubito evolans è ſpecu Phœbadem involvit & repleat Spiritu divino: Aliquando ſedens in tripode ſacro, in quo ſe Deo venienti accommodat, vaticinationi firma ſe componit: Et ſive hoc, ſive præcedenti modo Pythia Deo tota repletur.* Hinc Amnianus Marcellinus in princ. libri 12. ait; *Sibylla crebrò ſe dicunt ardere, torrereque vi magna flammarum.* Confer eundem Boiſſardum cap. III. ſul. 10. ubi etiam de Diaboli miraculis, quibus honorem Deo debitum ad ſe derivare laborat, agit, & tandem in hæc verba erumpit: *Divinatio illa, quæ ex Dæmonum revelatione capitur, cùm nullas in natura cauſas habeat, ſed ſuperſtitione nefaria erroreq́, mentis, & uſu tantùm temporum probata colligatur, prorſus eſt rejicienda.* Adjicit etiam calculum Mizaœum. Iordanus, Brunſvic. Medicus, libro *de eo, quod divinum aut ſupernaturale eſt in morbis,* cap. XVII. ubi agit de ecſtaſi, raptu, prophetia, viſionibus, & divinationibus; & pag. 69. inter alia ſcribit: *Ad ecſtaſin & divinationem Diabolicam refero Sibyllas pleraſq́., oraculorum Sacerdotes, Lappos, aliosq́, vates Septentrionales, & Occidentales Americanos* &c.

(Sopag. 10.) Aſtipulor hîc *Religioni Medici*, utut nonnullam ſuo ſectu licentioſè abundantis, cui ſect. XXIX. p. 182. 183. monſtri ſimile videtur, hæc omnia, quæ paſſim de Oraculis referuntur, nondum dubiam

ANNOTATIONES

illam de Spiritibus, & Sagis sententiam expulisse: *Qui sagas*, inquit, *tollunt, tollere etiam Spiritus, nec aliud esse, quàm indirecte, & consequenter, non incredulos, sed atheos, putantes*, ut subdit Añotator Levin. Nicol. Molkius pleraq́, de spectris esse commenta, aut hominum imposturas, ut quidã Mundus, Paulina stuprator apud Iosephum l. 18. antiquit. Iud. cap. 6. *An ibidem se simulavit, aut* Φασμα[τι], *aliosve natura lusus, quas communes simplices videant, specta se vidisse evulgens; quale quid de spectro lo a:ris Rheginorum in freto Siculo, quod in aëre offert theatrum multarum rerum varietate, columnis, ædificiis, bestiis, hominibus ornatum* Athanasius Kircher l. 10. p. 2. c. 1. *de arte lucis & umbra refert; aut vehementem imaginationem, quæ spiritus conturbet; aut pavorem, quí cùm alquem invasit, aliquid, quod non ita revera est, apparere faciat.* Sed quid verba audiamus, ubi videmus facta? Esto si posità Scripturæ autoritate & revelatione, Spirituum existentiam à priori probari non posse, quomodocunque suum acumen in tentandâ hac demonstratione Scholastici exerceant; num proptereà à posteriori nulla in medio erit demonstratio, ut hos, quamvis invisibiles leones, ex unguibus discere non possimus? An phantasma est, si homines à loco in remotissima loca momento temporis per aërem deportantur, quam deportationem Hieronymus Iordan. lib. supr. citato cap. VIII. solidissimè demonstrat, quis eos deportat, si à Spiritu non transportantur? exempla sunt in promptu. Num ex corporis debilitate *delyrum minusq́, cordatum dicerunt Brutum*. cùm intentis oculis noctu ad lucernæ lumen emarcentis speciem viri, immani magnitudine, diroque aspectu horribilem videret, & rogaret, *quisnam esset?* Spectrum autem responderet, *Tuus, Brute, genius malus; in Philippis me videbis*: Brutus autem forti animo subderet: *videbo*? quod spectrum deinceps Philippis noctu Bruto se denuò ob oculos stitit, cũ illa amissâ victoriâ postero die αὐτόχειρ interiret, ut Plutarchus in vita Cæsaris sub finem refert. Exemplorum in hunc sensum copia fatidicinus.

(Ff pag. 10.) De admiranda dæmonum in homines potestate, si Deus eam illis indulget, testatur etiam Scriptura pluribus in locis; in Jobo, in obsessis, quorum multa exempla Evangelica historia refert: Et paulò suprà ex Boissardo c. 2. pag 4. quædam documenta allegavimus. Imprimis etiam de hoc commate lectu dignus est modo laudatus Brunsvicensis Medicus Hieronymus Iordanus per multa capita libri *de eo, quod divinum aut supernaturale est in morbis corporis*, cap. VIII. *Quid Dæmon possit*

VARIÆ.

... cap. VI. p. 31. Quid possit in animam; ubi simul de phantasia, humoris, ... & voluntate. item de prædictionibus. Imprimis cap. XVII. supra allegato, de Ecstasi, raptu prophetia, visionibus, divinationibus, & prophetia violenter influente &c. quæ omnia accuratè initio tractantur, & lectu dignissima sunt.

(Gg. pag. 10.) Denuò remittatur lector de discrimine Prophetiæ, divinæ Ecstaseos, seu divinationis diabolicæ ad modò laudatum *Hieronymum Jordanum* cap. XVII. pag. 68. 69.

(Hh. pag. 10.) Hunc dæmonum finem in dementandis per oracula hominum animis, & causâ indultus divini *Boissardus* Tract. posthumo cap. Iit. pag. 10 ita exprimit: *Horum* (puta Dæmonum) *conatus licet à certos limites redegerit Deus, quos excedere non illis permittitur: tamen propter hominū ingratitudinem multa illis indulget, ut efficacius salventur, qui Dei verbi fidem & reverentiam præstare recusant.*

(Ii pag. 10.) Ex his manifestum evadit, hæc, Sibyllis quomodocunque inspirata oracula, quot quot non sunt ψευδεπιγραφα, ex immediatâ, revelatione verum non traxisse, quia à Diabolo ipsis inspirata fuisse ex hactenus dictis constat, qui tanquam simia divinitatis, & nectendis ex Scripturâ consequentiis argutissimus Spiritus, ea ex Evangelio paradisiaco, ex promissionibus Abrahæ, Isaaco, Jacobo factis, per sacrificia adumbratis, & Prophetis disertim inculcatis, pró sagacissimâ suâ ἀγχινοία colligere, suisque Mystis inspirare, & non ea, quæ Messiæ, sed Mundi, ac status secularis erant, sciscitantibus aperire potuit, & ipso facto aperuit; ut non opus sit operosâ & anxia inquisitione, ex quo nam digito Sibyllæ hæc sua vaticinia suxerint; an ex conversatione cum populo Dei, quemadmodum *Boxhornius* in hac principium Sibyllinæ divinationis pag. 24. 25. 26. & seqq. *Histor. Universal.* constituere videtur, concludendo; *Habuerunt igitur à Iudais Sibylla, quæ de Christo edixisse dicuntur:* Imò, inquam, & conclude ex dictis, habuerunt à Diabolo, qui faciendi consequentias veras, ea ex Prophetarum Oraculis Sibyllis inspiravit, & eo sine vaticiniis suis, ut ea Herodotus appellat, κιβδηλοις admiscuit, ut etiam falsis, per quæ vera sunt colorem illineret, & illinendo אל אמת *Deus veritatis*, ex Psal. 31. ⅴ. 6. esse videretur, qui *Pater mendacij est*, Joh. 8. ⅴ. 44. Quid enim opus fuisset isto tripodum, & diversorum generum inspirationis, isto ex antris halituum, isto ἀχημόνων θυμῶν, ut Eusebii

G 3

ANNOTATIONES.

Sebii verbo utar, *de decorofarum furiarum*, aliarumque ceremoniarum apparatu, si hæc oracula tantùm ex famæ, à Sibyllis per Judæos, ut *Boxhornius* opinatur, acceptæ, relatione principium atque originem habuissent? Rectè igitur, *Prophetarum ea oracula sunt, non Sibyllarum*; quod concludit *Boxhornius*; nobis etiam calculum conclusioni adjicientibus, num autem à Judæis ex relatione, an verò à Diabolo ex inspiratione principaliter hauserint, hoc est, quod quæritur. Nos principaliter à Diabolo hausta ex dictis colligimus; à Diabolo puta, qui ea ex præsuppositâ revelatione, prophetis à Deo factâ, colligere potuit; quanquam traditionem à Judæis acceptam non excludimus, quæ aliquid Sibyllis ad rerum scientiam, quæ fatidico deinceps spiritu fuit effusa, conferre potuit, ut *Boissardus* in Tractatu posthumo cap. II. fol. 4. scribit. *Nos*, inquit, *cùm Ethnica essent mulieres, & idolis servirent, earum tamen aliqua communicaverant cum Hebrais, tàm in Ægypto, quàm in Palæstina: & ex lectione sacrarum literarum, samiliaribusq́, colloquiis cum Israelitis toto orbe dispersis multa didicerant, quæ ad vaticinia pertinebant, & satis dico spiritu sorreptæ (ut Dæmon longâ experientiâ & tempore plurima cognosse & conjecturare potest) multa pronuntiabant de pænitentia, de correctione vitæ, de futuro Messiâ &c.* Neque enim opposita, sed supposita sunt, aliqualis revelatio, & superveniens dæmonum fascinatio, atq́, in superstitione confirmatio. Hoc tantùm in quæstione reliquum est; quomodo Dæmon in animam hominis, intellectum & voluntatem agere, & prædictiones inspirare possit? Quod *Hieronymus Jordanus* lib. cit. *de eo, quod divinum aut supernaturale est in morbis* cap. IX. imprimis pag. 35. 36. 37. & seqq. & cap. XVII. pag. 66. 67. 68. & seqq. accuratè tractat, dignus, qui legatur; quò lectorem brevitatis causâ remitto. Dignissima etiam sunt, ut cum his conferantur, quæ *Maresius* in suprà cit. *Syllog. Disput. part. secund.* pag. 493. & seqq. thes. XL. & seqq. scitè infert, in quibus nostræ sententiæ culculum adjicit.

(Kb. pag. 11.) Ferè consentientem D. *Calovium*, ut ex suprà allegatis constat, hic habemus; ubi quidem de Acrostichide, quam Eusebius Erythræa adscribit, *sitne illa Ciceroni lecta, nec ne?* in negantem partem inclinat, eam tamen faciliùs, quàm reliqua minùs clara, sub Sibyllarum nomine circumlata oracula, admitti posse indicat, *cùm nihil contineat, quod Prophetis antea prædictum non fuerit*; Syst. l. c. 3. p. 447.

(Ll. pag. 11.) vide Psalm. 53. v. 3.

VARIÆ.

(*Nn. pag. 11.*) vide Joh. 4. ℣. 25.
(*Nn. pag. 11.*) vide 2. Sam. 23. ℣. 1.
(*Oo. pag. 11.*) vide 2. Sam 7. ℣. 14.

(*Pp. pag. 11.*) Hoc argumentum (dum Erythræa se *Apollinis Sacerdotem* appellet) invictum est, non Numinis, sed Dæmonis instinctu Sibyllas sua oracula fudisse, quia strictissima sunt verba Davidis ; *Omnes Dij gentium Dæmonia*, Psalm. 96. ℣. 5. Atqui *Apollo*, cujus Sacerdotem Erythræa se profitetur , *est Gentium Deus* ; & quidem spurcissimus Deus ; ut ex ejus vitâ à *Boissardo* in Tract. posth. fol. 107. ex autoribus descriptâ, colligitur; Ubi inter alia refert ; fuisse eum raptorem Daphnes Nymphæ , Penei filiæ , ejusque Sororis Cyrenes , quam in Pelio Thessaliæ monte rapuerit &c. Fuisse corrivalem Zephyri in depereundo Hiacyntho adolescente Amyclæo formosissimo ; & amatorem Branchi juvenis Thessali, proprii filii , quem ex filia Jaucis & Sucronis susceperit ; adeoque stupratorem virginum, ἀρσενομήτηρ, & cum proprio filio incestuosum &c. Cur ergò non Dæmonium ? Hujusne spurcissimi Deastri Pythiam Numinis , non Dæmonis flatu oracula fudisse , & quod Eusebius asserit, θείας ἐπινοίας ἔντως γενομένης μητὴν ; divinâ verè *inspiratione refertas* dicamus , eique credamus , quando in suis scriptis jactat , quòd de solo summoq́; Deo colendo scripsit , sibi dictatum fuisse à Spiritu illius summi & æterni Dei , si maximè nihil eorum, quod sub ejus nomine circumfertur, esset ψευδεπίγραφον, hoc est, ejus nomini falsò adscriptum. Transeunt alia argumenta , quibus severam nostram de his Phœbadibus judicium salvari posset. Lectu etiam digna sunt, quæ *Maresius* in Sylloge Disput. part. secund. p. 488. 489. affert.

(*Qq. pag. 11.*) De supplicio de sagis sumendo loquor hîc ex mente *Friderici Martini*, Canonum apud Friburgenses Professoris quondam primarii, qui à *D. Thummio* tract. de Sag. Imp. p. 91. citatus, ita concludit ; *Lamiæ tradendæ sunt eo solo nomine, quod Deum abnegant , Dæmoni fidelitatem promittunt , idololatriam & apostasiam committunt , &c. etiamsi hominem nullum remo necaverint , segetibus & animalibus non nocuerint.* & hujus Rhadamanti judicium si justo rigorosius non esset ; staret sententia, quam de Sibyllis ; tanquam dæmoniorum Sacerdotibus tuli , quia pari culpa & delicta, paris mererentur supplicia. Verùm quia duæ gravissimæ quæstiones hîc examinandæ se offerunt, quarum prior agit de modo examinis Sagarum , scil. *An modus indagandi illarum facinora per tor-*

ANNOTATIONES

menta sit legitimus? posterior: *Quo supplicij genere afficiendæ sint eæ* certis de causis an barum, imprimis prioris quæstionis examinationi immorabor: sit ergò quæstio prior:

An modus maleficos & sagas per tormenta quærendi sit legitimus, necne?

Quod ad quæstionem hanc de *Tormentis* vel *Torturâ*, quæ & ipsa in specie *Quæstio* à JCtis appellatur, attinet, removenda sunt per ἀπον τὰ μὴ ζητέμψα, quæ eam, nisi accuratè removeantur, odiosissimam, ipsiusque judicis conscientiam scrupulosissimam reddere possunt. Duplicis autem generis sunt ea, quæ ad quæstionis statum non pertinent, referenda partim ad *torquendos*, partim ad *Torturam* ipsam. Quod torquendos concernit, qui sunt potissimum Sagæ, quæ in præsentem quæstionem veniunt, quarum albo etiam multi, qui masculini generis sunt, à Diabolo inscribuntur, sciendum est, triplicis generis eas esse, quas D. *Thummius* in tract. *de Sagarum impietate*. pag. 19. ex *Meifnero* & *Mõlino* distinguit; quarum aliæ tantùm sunt *Melancholicæ*, quæ à Diabolo fascinantur, ut fœdus cum eo contraxisse, hæc vel illa fecisse opinentur, & postea fateantur, quæ tamen meræ illusiones sunt, nedum, ut fœderis aut actionis alicujus veritas iis subesse argui possit; aliæ Diabolo equidem realiter *fœderatæ*, non tamen maleficæ, damno aliquo vel hominibus, vel jumentis illato, aut facinore patrato, quod ultimo supplicio vindicari deberet; aliæ verò & *fœderatæ* & *maleficæ* simul, quæ abnegato Deo, Diabolo ad veneficia sese obligant, & quod ipsi in proximum, cui malè cupiunt, moliri non audent, occultè per Diabolum exequuntur. Hac distinctæ nec observatâ, à quaestione abeunt, & primi, & secundi generis Sagæ; pr mi generis quæ sunt *melancholicæ*, quas si quis fidiculis adjudicandas a simat, utique nihil aliud agit, quàm ut mortale esse putet, quod *physicum* est, violento errore carnificem adhibens, ubi medicus substitui deberet, qui obstructiones viscerum, ex quibus hujusmodi pathemata, quæ Diaboli balnea sunt, oriuntur, medicamentis huic malo appropriatis, juxta methodum suæ art, aperiret, cujus morbi descriptione imprimis *Casparus Marcusius*, in tractatu, cui titulum fecit; *Quadripartitum Melancholicum*, excellit; nec non multo tice allegatus *Hieronymus Iordanus*, quantum ex ejus libro *de iis, quod in morbis sit supernaturale* colligitur: Sic etiam Sagæ secundi generis, ut et Diabolo, sed sine scelere pacto, confœderatæ; quarum actum, dum

VARIÆ.

sese obstringunt, equidem gravissimum est; *An a. fidicuius per tortorem torsandum, ultimoq́, supplicio afficiendum?* gravissima quæstio est, cujus affirmativam Carpzov. part. I. Crim. quæst. XLIX. n. 23. 26. 27. urgentibus argumentis & autoritatibus obtinere laborat; contrà quàm statuunt Theologi, *qui sædus hoc sagarum cum Diabolo magis pro interno spirituali, quàm externo politico peccato habent, foro poli, non soli competenter committendo, sinctissimiq́, institutis ex verbo Dei corrigendo, ut sæderate maligno spiritus à nesario hoc studio abducantur, & excusso Dæmonis jugo in gremium Ecclesiæ recipiantur.* Argumentum, quo nituntur, & quod à Carpzorio nondum solutum inveni, tale est: *Si peccatum in Spiritum Sanctum, quod gravissimum, & præter apostasiam à Deo cum blasphemià doctrinali conjunctum est, ultimo supplicio non punitur, quia internum & spirituale est, sequitur, nec fædus sagarum cum Diabolo, si absunt maleficia, hanc ipsam ob causam, quia internum & spirituale est, puniendum esse ultimo judicio.* Atqui *prius est verum.* Ergò etiam *verum est posterius.* Hoc argumentum urget D. Thummius in tr. de Sagar. impiet. p. 92. 93. allegatis magnorum virorum, *Ioh. Brentii, Ant. Prætorii, Augustini Lerchneri, Fichardi, Godelmanni, Lorent. Kirchovii, Ludovici Gülnhausen, Ioh. Halbritteri, Christoph. Besoldi*, autoritatibus. Quicquid autem sit de secundi generis sagis, sine omni dubio reliquæ manent *sagæ tertii generis*, quæ fœdus cum Diabolo maleficiis incrustant, iis indiciis, ut mox audiemus, gravatæ, quæ ferè infallibilia sunt, ut tantùm non pro convictis sint habendæ. Quod ad ipsam *Torturam* attinet, tot sunt μαραζητούμενα, quæ ad quæstionis lineam non pertinent, quot sunt abusus, qui à judicibus improvidis ac inconsultâ affectuum vehementiâ abreptis & perturbatis, adversus reos committi possunt, quos jus & æquitas prohibent, certos monstrando limites atque fines,

Quos ultra citraq́, nequis consistere rectum.

Non ergò de *Torturâ tyrannicâ* quæstio est, quam *Wilhelm. Zepperus in Leg. Mosaic. Forens explicatione* l. v. c. x. pag. 747. refutandam sibi sumsit, quando scribit: *Ethnicum tormentorum horum, & tyrannicum inventum est, omnis charitatis & commiserationis expers:* quam horribilem quæstionis larvam imprimis D. Ioh. Matth. Meyfart. in tract. germ. cui titulum fecit, Christliche Erinnerung an gewaltige Regenten &c. per omnia ferè capita & omnes paginas ita exagitat, ac si ex professo tyrannidem approbarent, qui Torturam ad legum præscriptum defendunt, & quidé omnia tam excessivâ verborum vehementiâ, ut manifestè appareat, clarissimum

ANNOTATIONES

- quin Theologum in hâc ipsâ disputatione aliquâ impotentiâ mentis grá-
viter laborasse. Cap. 9. p. 71. scribit: **Wan hat den Außsagen der Bet-
teln und Lumpen/den Bernheutern und Ehrendieben zu viel ge-
trauet / denen durch Tyrannische Quale außgelockten Bekant-
nussen zu viel geglaubet / den scharffen und viehischen Processen
zu scharff und viehisch nach greiffet.** Averruncet Deus *tyrannidem ex judicio!* quid enim tyrannidi cum justitiâ? *Non enim hominis
exercent judices judicium, sed Domini, & quodcunq́; iudicaverint, in eos re-
dundabit*, 2. Paralip. 19. y. 4. Viderint, quid responsuri sint Deo, qui
in miseros reos tyrannicé & beluinê sæviunt; quia *judex non ita suo arbitrio utatur, ut tanquam belua sensu & cupiditate ducatur*, Oldekop. *in Observ. Crim.* Tit. IV. num. 10. Menoch. *de arb. Iud. in præm.*
n. 6. Nec 2. quæstio est de Torturâ, ex affectu vitioso judicis exudante,
hoc est, de Torturâ decretâ ex zelo secundùm non scientiam; **Auß ei-
nem Mißeyfer**; in quo Zelo detestando D. *Meyfartus* in alleg. tract.
à cap. 4. ad cap. 9. iterum tàm vehemens est, ut verendum sit, ne ipse
hoc ipso morbo, quem tantùm non ferramentis in judicibus curare velle
videtur, validè laboraverit. Longum nimis esset, ejus invectivas in judices, affectu vitioso abreptos, referre. *Capitis quarti* argumentum est;
**wie hoch die jenige sich versündigen / welche auß unbedach-
tem und falschem Eyfer in ihrem Ampt verfahren.** *Cap. quin-
to* refert diversa maledicta peccata, **unterschiedliche verfluchte
Sünden/ welche die ungerechten Eyferer begehen.** *Caput sextum* est ejusdem argumenti; ut & *caput septimum*, in quo etiam de ore ca-
lumniatorio horum Zelotarum agit, **von dem Lästermaul der ungerechten Eyferer.** *Caput octavum* per hierarchias peragrat, & in earum
Zelum inquirit, quo à choro, thoro & foro adversùs maleficos peccetur.
Vehementissimè omnium *caput nonum* in judices ob veneficos invehitur;
**wie heutiges Tags in dem weltlichen Stand so gar grausam
auß ungerechtem Eyfer in Verfolgung der Zauberey gesünd-
get werde** &c. Sed quid hic tantus indignationis apparatus ad rhom-
bum? quid ad judicium, quod causas etiam criminales ex officio,
modo, & viâ à legibus præscriptâ competenter cognoscit? quippe
ad quod etiam quæstio per tormenta pro causæ qualitate & gravitate de-
cernenda pertinet? quid aliud agit hic Theologus, his tot capitibus &

pagi-

VARIÆ.

paginis, quàm ut cum larvis pugnet, & ea vitia tenet, quæ nos ipsi cordicitùs cum ipso detestamur? quanquam dubitari posse videatur, an ferè uspiam locorum in Imperio judicia inveniantur, in quibus tales judices, quos citius cyclopes, aut bestias, quàm judices quis diceret, tribunalia occupant; quia *judex*, ut Oldekop. *Observ. Crim. tit. IV. num. 12. scribit, præsumitur vir bonus, æquus, & prudens, in lenitate potius peccans, & clementia, quàm in severitate, ut nimius potius, quàm plus torqueat.* Si qui sunt, qui suis affectibus indulgent,& arcum intendunt,ut etiam insontes non tuti sint à criminali judicio, viderint, quid Deo, *qui sanguinem eorum requirit, & non obliviscitur clamorem pauperum,* Psal. 9. v. 13. aliquando sint responsuri, modò quæstionis statui non immisceatur hæc affectuosa & sanguinolenta iniquitas. Nec 3. de occultis, nullisque indiciis proditis sagarum facinoribus est quæstio; quâ Meyfartus cognitionem per tormenta in dubium vocare laborat, quando tract. allegato cap. 16. pag. 31. 32. arguit; *sagarum peccata esse occulta, ergò & per torturam in ea inquiri non posse, secus punitum iri insontes cum sontibus.* Cap. eod. pag. 133. *esse peccata imperscrutabilia:* Obrigkeit soll die notorische und bewuste Laster ernstlich straffen: Wo aber ohnerforschliche Stück vorlauffen/wie kan die Obrigkeit darinn richten/ und daher straffen? und von ohnerforschlichen Sachen pfleget die Kirch nicht zu urtheilen/ nach dem Sprichwort: *De occultis non judicat Ecclesia*. Cui judicium hæc absurditas unquam in mentem venit,ut ob planè inscrutabilia & incognita scelera quenquâ, etiam ipsum Diabolum si corporaliter torqueri posset, aut sidiculis ligandum, aut equuleo subjiciendum statuerit? Nec 4. de Tortura, quæ susque deque læto indagandæ veritatis studio decernitur, quæritur, sicut D. Meyfartus iterum quiritationem, vix de judice, cui adhuc scintillula conscientiæ superest, præsumendum ingeminat, quando c. 10. p. 78.79. scribit: Der erste Vorsatz der Regenten und Officianten gehet nimmermehr dahin/die Warheit zu suchen und den Handel außzukundigen/sondern Ursach und Anlaß zu finden/ wie die Büttel ein fangen und fesseln/ die Hexenmeister urtheilen und verdammen/ die Hencker foltern/ brennen/ und köpffen/ die Regenten pfänden und straffen können &c. Et c.15.p.114. *Quibus volupe est fundere sanguinem humanum:* welchen ein kurtzweil ist/ wann man Menschen-Blut vergeust. Qui hoc, & non alio
H 3 fine

ANNOTATIONES

fine reos tormentis adjudicat, is certò sciat, se juxta illud Philonis Sap. 6. ♦. 4. *Potentes potenter punientur*, vicissim tortum iri à justo Deo per tortorem infernalem; nedum ut tam profligatæ intentionis imperatus equuleus ad quæstionis circum pertineat &c. De his, aliisque casibus Torturæ reorum adhuc multis, cum D. *König*, quem M. *Waldschmidius* in *Python. ssa Endor.* p. 353. allegat, dicimus: *Negari non potest, quod* (Tortura) *in multis veritatem suffocet potius, quàm propalet, nec non innocentes etiam præ nimiâ acerbitate ad eorum confessionem adigat, quæ ne cogitata quidem, nedum in effectum unquam fuerint traducta.* Verum enim verò hæc omnia per accidens eveniunt; ac si vellet inferre; hæc omnia, si ad Torturam ex processu criminali omninò eliminandam objiciuntur, manifestam *fallaciam Accidentis* peccant, & concludunt nihil. Reliquum igitur est, ut statu quæstionis per ἄρσιν examinato, etiam per θέσιν indicetur, quænam Tortura ad quæstionem pertineat? Ea nempe, quam providentissima jura definiunt, certisque cautelis circumvallant, quibus observatis fieri non potest, ut torqueatur innocens: *Tortura*, inquam, quæ quidem *est inquisitio ad eruendam veritatem per tormenta*; juxta Carpzov. Pract. Crim. parte III. quæst. CXVII. sed, ut noster Bocerus p. m. tract. nov. de quæst. & tort. c. 1. n. 3. addit, *legitimè à judice instituta;* quâ unâ additione omnia à Tortura præscinduntur, quæ adversus miseros reos à judice peccari possunt per accidens: *Tortura*, in qua judices à *novis & inauditis tormentorum generibus abstineant, & rectæ rationis moderationem ita faciant, ut delicti, personæ, & indiciorum qualitas requirit*; Carpz. l. c. n. 69. Imprimis si ad severiorem ejus gradum deveniendum est, qui loci m non habeat, *nisi in criminibus exceptis & nefandis* (quale etiam est venelicium) *indiciis multum urgentibus, & certissimis occurrentibus, ut sola confessio deficere videatur*; idem l. c. n. 65. *Tortura*, à quâ excepti sunt *impuberes, furiosi, Melancholici, muti, surdi, quandoque etiam cœci, debiles corpore, imprimis nimium senes, si non robusti sunt, aut perspicaces, valetudinarii, prægnantes, puerperæ, dignitate præcellentes*; Idem l. c. quæst. CXIIX. per tot. Tortura non nisi *in delictis atrocioribus ultimo supplicio, vel pœnâ corporis afflictivâ dignis*; Idem quæst. CXIIX. n. 3. *de quorum corporib. constat*, ibid. n. 54. *Tortura*, quæ reo nunquam *absque indiciis, à judice secundum jus & aquitatem accurate examinatis inferatur*; Idem l. c. quæst. CXX. n. 1. 2. 3. *cujus actu non nisi remisso, reus articulatim, interrogatione brevi examinari, & super qualitatibus facti interrogari debet, ejusque*

VARIÆ.

etiã ab actuario judicij diligenter consignato; Idem l. c. quæst. CXXIV. n. 26. etiam circumstantiis delicti, de quibus tortus est confessus, à judice indagatis, idem n. 26. Summatim, ut alia multa transeant, *Tortura, quæ in ipsius judicis pœnam vertit, si reum illegitimè torqueri faciat*; Idem Carpz. l. c. quæst. CXXVII. n. 1. 2. imprimis *si judex dolosè id fecerit, ac reus inde moriatur, ut mortis supplicium sibi vindicet*; Idem ibid. n. 4. 5. 6. 7. *unde injustè torto actio injuriarum adversus judicem competit; actio item utilis legis Aquilia*, idem ibid. n. 15. 16. 17. *& quidem actio non tantùm annalis, sed perpetua*, ibid. n. 22. 23. *etiam præsumptione juris contra judicem pro reo stante, quòd tortura injustè fuerit decreta*, ibid n. 27. *ob quam causam judex torto emendam præstare tenetur*, ibid n. 35. *damnum item, & operas, quibus impostorum reus est cariturus, resarcire*, n. 40. *juxtaque extraordinariè puniri*, ibid. n. 42. 43. &c. De hac, inquam, Torturâ, his limitibus juris & æquitatis determinatâ, his conditionibus & requisitis circumvallatâ, à defectibus & vitiis, quæ D. Meyfartus in libro citato der Christlichen Erinnerung &c. perpetuâ accidentis fallaciâ objicit & ingeminat, undiquaque purgatâ, disertim quæstio est: *An ea legitimus modus sit indaganda veritatis scelerum veneficorum & sagarum? An verò modus tyrannicus?* Ein Tyrannische Qual / ut D Meyfartus instat, l. cit. pag. 71. *imò diabolicus*, Ein Teuffelische Tortur / idem c. 20. p. 159. *quæ Hispanicæ inquisitioni omnia similis*, so der Spanischen Inquisition gantz ähnlich / idem c. 35. p. 259. Auff welche / sonderlich im Process wider die Hexen / gar nichts zuhalten / cap. 23. p. 180. & seqq.

Statu igitur quæstionis per ἄρσιν & θέσιν legitimè formato, affirmativam pro Torturâ tuemur; idque non nostris, sed D. König verbis, à M. Waldschmidio lib. & loc. supra citato allegatis, ita scribentis: *Interim salutaris ejus (torturæ) potest esse usus, si prudentia judicis interveniat, qui torturam non adhibeat, nisi de crimine, de quo agitur, liqueat, quòd certò sit admissum; nisi competens pœna sit corporis afflictiva; nisi veritas aliunde haberi non possit; nisi advocatis in exculpationibus defecerint, & nisi ad eum modum, quem constitutio Carolina observandum ordinem præscribit cap. LX. sic tum etiam clavus rectè tenebitur, & nec in dextrum, nec in sinistrum à viâ regiâ divertetur.*

ANNOTATIONES

Primum argumentum sumimus à jure gladii, quo Magistratum ordinarium cinctum esse legimus c. 13. v. 6. in epistola Apostoli ad Romanos, inquientis: *Non sine causa gladium portat, Dei enim minister est, vindex in iratos, qui malè agit.* Ex quo loco ita pro Torturâ argumentamur: Si magistratus ordinarius gladio potest, imò debet vindicare cognita delicta ejus, qui malè egit, sequitur, eum etiam posse, imò, si necessitas requirit, debere delata, certisque indiciis indicata delicta examinare & quærere equuleo. Ratio consequentiæ duplex est in ipso textu; tum quia gladius & equuleus, aut quodcunque usitatum torturæ instrumentum, in hoc passu sunt synonyma; tum quia majus est, cognita delicta gladio, hoc est, si atrocia sint, ultimo supplicio, laqueo, totâ aut flammâ vindicare, quàm certis indiciis delata fidiculis aut equuleo examinare, *& necessitatem vera fatendi*, ut veteres Quæstionem appellarunt, reis imponere &c.

Secundum argumentum sumimus à Novi Testamenti libertate disponendi in ceremonialibus. Notissima est, etiam in legibus Mosaicis forensibus quoad *modum pœnarum & gradus* admissa distinctio, inter id, quod *Morale*, & id quod *Ceremoniale* est, quorum illud, nempe *Morale*, semper obligat, *Ceremoniale* autem tantùm in Veteri, non amplius in Testam. Novo; verbi gratiâ, in lege de puniendo furto, in qua *Morale* est, quòd hoc scelus puniri debeat; *Ceremoniale* autē, hoc est, gradus puniendi, quando determinatâ pœnâ restitutionis pro diversitate circumstantiarum, modò quintupli, modò dupli, aut etiam venditionis sui, Exod. 22. v. 1. 3. 4. puniebatur; Ibi τὸ *Morale* Magistratum semper, & adhuc obligat, in eo consistens, ut furtum puniatur; *Ceremoniale* autem, consistens in modo puniendi, Magistratui liberum relinquitur, ut pro arbitrio, quod publicæ quieti & securitati conservandæ consentaneum est, huic sceleri, ut & aliis facinoribus, pœnas & supplicia statuat, admodum a. pœnæ à Mose præscriptum, non amplius astrictus: hinc illa judiciorum sub Novo Testamento multifaria, & a politia Mosaica differens varietas, *Quanquam si tamen Magistratus* (sunt verba nostri Hafenrefferi in Loc. Theolog. l. 5. Loc. IV. p. 593.) *aliquas forenses leges, utpote de pœna furti, adulterij, stupri &c. revocare vellet, id non tantùm liberum, sed maximo cum applausu bonæ conscientiæ, quæ istâ divinæ ordinatione jucundissimè acquiescit, conjunctum esset.* Si ergò secundùm hanc distinctionem, inter τὸ *Morale* & *Ceremoniale* Christiano Magistratui liberum

VARIÆ.

ſum eſt, id quod in ſceleribus puniendis ceremoniale eſt, nempe modum puniendi, aut intendere aut remittere ; cur non eidem liberum ſit , etiam modum examinandi ſceleratos fidiculis intendere , aut remittere in modum quæſtionis maleficorum , quem Deus in lege Moſaica præſcripſit? argumento iterum à minori ad majus ſumpto.

Tertium argumentum ſumimus à neceſſitate quæſtionis per tormenta ob indies invaleſcentem noſtri ſeculi malitiam , quo pro deridiculo haberentur gladius , rogi , totæ , patibula , ſi expectanda eſſet maleficorum ſine fidiculis confeſſio ; à quorum audacia ne ſic quidem tuta eſt humana ſocietas , ut exempla tragica & horrenda teſtantur , quæ tantùm in veneficarum quæſtione in apricum prodeunt, & in exhorreſcendis corporibus delictorum (proh dolor) ob oculos verſantur , ut intuenti eæ comæ ſtent præ abominatione eorum, quæ Diabolus per hæc ſua mancipia inter ipſos Chriſtianos patrat & molitur. Quid futurum putemus, ſi remitteretur hæc ſevera in patrata ſcelera inquirendi Nemeſis , & huic duro nodo hic durus cuneus non eſſet quæſitus ? Quod argumentum *Antonius Matthæi* de Criminib. lib. XLVIII. Dig. Tit. XVI. de quæſt. c. VI. p. 801. ita proponit : *Nec improbat inſtitutum ſucceſſus , ita enim feliciter per equuleum exprimitur veritas, ut Cicero ſcripſerit in Topicis, ipſam veritatem videri dicere, qua verberibus torti, in igne ſatigati dicantur &c. Item Veteres quoque quæſtionem neceſſitatem vera fatendi dixiſſe.* Quod utique facinoroſis formidoloſum eſſe, eorumque manus de tabula facinorum dimovere deberet ; quod argumentum eò fortius evadit , quò debilius *Matthæi*, qui argumenta contra Torturam validiora eſſe putat, argumentis, quæ pro Tortura ſtringuntur, illud, ut mox audietur us , ſolvit , aut ſolvere conatur. Graviſſimè omnium hoc argumentum confirmat Megalander noſter Lutherus , tom. 7. Jen. fol. 362. ubi ſcribit : **Umb ſolcher harter verzweiffelter / boßhaffriger Leute willen / die alles auff Läugnen thun / da man mit dem Rechten Recht nicht kan zu ihnen kommen / muß man ſolches Nothrecht** (puta torturam) **und blinkend Recht laſſen gehen / und geſchehen.** Et mox ibid. **Weil wir müſſen unter den Trebern wohnen / müſſen wir tragen / ob uns die Säu freſſen / wir müſſen uns mit der Welt nicten.**

Quartum argumentum ſumimus ab atrocitate delictorum , quæ malefici & veneficæ deſignant , item à magnitudine damnorum , quæ huc hoc Deo, sed non inferis, exosum genus hominum proximo infert, ut & à cruciatibus, cum quibus miserrimè conflictantur, quos malefica eorum manus tetigit, aut saltem halitus, qui veneni diabolici vehiculum est, afflavit: qui affectus Medicorum & Medicinæ ludibrium sunt, ipsam resinam in Galaad pro deridiculo habentes. Hisne Diaboli mancipiis, quorum delictorum corpora in medio sunt, & indicia probationes plusquam semiplenas constituunt, quærendo parcatur, quæ affligendo & cruciando, imò torquendo proximo non parcunt, & permanentia damna inferunt, quæ mortem ipsam superant? *Non parcat ei oculus tuus, neque misereatis*; Deut. 13. ⅴ. 8. si in puniendo, cur non etiam in quærendo?

Quintum argumentum sumimus ex Constitutione Criminali Imp. Caroli V. quæ Torturam publicæ securitatis causa in criminalibus judiciis sceleratis decernendam confirmavit; quæ Constitutio, cuia publica, imò Imperatoria est, in universo Imperio Romano recepta, & à JCtis in jure dicundo ipso facto observata, num contra torrentem ibimus, pro Rhadamantis, imò tyrannis aut carnificibus habituri judices, qui facinorosos, & indiciis sufficientibus gravatos quæstioni per fidiculas adjudicant? Absit à nobis tam dura adversus magistratus, cui honor suus debetur, Rom. 13. ⅴ. 7. præsumtio.

Restat, ut examinemus argumenta in contrarium, quæ à *D. Ioh. Matthao Meyfarto* tract. suprà allegato germanico, item à *Wilhelmo Zeppero* lib. *de legum Mosaicarum explicatione*, & *Antonio Matthæi*, JC. de Criminib. contra quæst. per tormenta afferuntur: quid ea in recessu habeant, vel habere videantur, sed non habent, dehinc examinabimus, oculo principaliter conjecto in *Zepperum*, qui præ reliquis plausibiliter disputat.

Argumenta contra Torturam, cum eorum solutione.

Prima Ratio Zepperi l. V. c. X. de tormentis, de sumpta est à defectu fundamenti in Scriptura S. *Primum*, inquit, *in universa sacra Scriptura ne gry quidem de illis* (torturis) *habetur. Ergò ea non tam necessaria sunt, ut sine illis judicia criminalia exerceri non possint.* Sextum id argumentum est Antonii Matthæi JC: de Crim. de quæst. c. 10. p. 803. ubi inquit, *In plurimis legibus Sacri Codicis nullum quæstionis vestigium reperiri.*

D. Mey-

VARIÆ.

D. Mayfart. im Christlichen Bericht / c. 17. p. 134. paucis, proponit hoc argumentum: Jetzunder fangen wir an / scribit, von der Tortur oder Marter / welche unter dem Volck Gottes niemals erhört / viel weniger gebraucht / aber von den grausamen Tyrannen erfunden worden. *Respondeo* 1. hoc argumentum statum quæstionis non tangit, à quâ suprà fuit semota talis torturæ necessitas, sine quâ judicia criminalia exercere non possunt. 2. Sicut in jure non sequitur; Lex aliqua secundum literam non arguit; ergò nec argumento, hoc est, per consequentiam arguit: ita in Scriptura non sequitur; dictum hoc vel illud κατὰ τὸ ῥητὸν non concludit; ergò nec concludit per consequentiam: Sic hic non valet; nulla lex, nullum dictum, cujus litera de torturis agit, in tota Scriptura habetur; ergò ne gry quidem de iis in Scriptura habetur. Argumentum, quod suprà ex ad Romanos c. 13. ℣. 4. de gladio, Magistratui in ultionem accincto, ad statuminandam torturam deduximus, lectoris judicio committitur, an pro gry habendum sit, nec ne? Annon 3. etiam pro fundamento ex Scriptura ad probandam torturam sufficit, quod τὸ *Morale* Quæstionis in facinora reorum judicibus in Scriptura expressè inculcatur, dum lex Mosaica Deut. 13. ℣. 14. *magnâ*, ut ipse Zepperus p. 756. scribit, *cum emphasi & pondere verborum repetit; Inquiret, investigabit, interrogabit, idq́ diligenter*: utut modus inquirendi, investigandi, interrogandi arbitrio Judicis in N. T. legibus Mosaicis abrogatis, sit relictus. Sed & 4. alia adhuc subest ratio, cur hoc in passu à legibus Mosaicis V. T. consequentia ad leges quæstionis in N. T. non tam firma est, ut quidem Zepperus ex argumenti sui fiducia fuit opinatus; quia in V. Testamento ea adminicula confessiones scelerum ex reis exculpendi in promptu erant, quæ in N. Testamento amplius non habentur; cujusmodi erant sortes, quarum exemplum Josuæ 7. ℣. 14. extat, ubi ipsius Dei jussu Achan sorte sacrilegus fuit deprehensus. Nec refert, eas extraordinarias fuisse, ut Calvinus in Jonam de iis scribit, *quòd peculiares instinctus fuerint, ubi servi Dei usi fuerint sorte in rebus dubiis & externis*: hoc ipsum enim est, quod volumus, nempe ab eâ politiâ, in quâ Deus etiam extraordinariis in reos inquirendi mediis usus est, quoad modum inquirendi argumentum ad politiam, in qua extraordinaria inquisitio nulla est, non valere: præterquam quòd etiam ordinaria aliqua in scelera quæstio in ista politiâ in usu fuit, quæ itidem in politiâ Christianâ deficit, nempè *potio amara*, quâ

I bibitâ

bibitâ adulterii rex *venter* intumuit, Num. 5. ⅴ. 13. & seqq. Cur ergò criminemur Christianum Magistratum, ejusve conscientiam turbemus, si publicæ securitatis causâ, secundùm leges, reis gravatis fidiculas adhibet, ut scelera vindicet, quæ cæteroquin cum præsentissimo bonorum periculo sub doloso cinere laterent?

Secundo arguit Zepperus p. 747. Horum tormentorum inventum esse ethnicum, tyrannicum, omnisque charitatis & commiserationis expers, quæ fontibus etiam, & reis, nedum illis, quos fontes esse non exploratum habemus, suo modo debetur: D. Meyfartus in tract. alleg. p. 166. pro vehementiâ sibi solitâ, torturam Diabolo adscribit, ubi inquit: **Ist die Tortur von dem Teuffel erdacht / und erhöhet / wie kan ein Christ selbige vor ein dienliches / nutzliches / gewisses / und unfehlbares Mittel, die Warheit an das liecht zu bringen / achten** &c. Atqui, ut *respondeamus*, quod res est; Annon quod in tortura tyrannicum, imò Diabolicum est, suprà à quæstione per ἄρσιν formatâ fuit abs. issum? ergò non valet conclusio, de cepis, quæ ex præmissis de allio infertur. 2. Negamus torturam commiserationis reis debitam esse expertem, quia ex statu formato constat, quàm accuratè juxta reis caveant, ne etiam fontes acerbiùs, quàm par est, torqueantur: & sicut lex divina moderationem de cæsione per virgas cædendis adhibere jubet, ne vilesceret frater; Deut. 25. ⅴ. 2. 31. ita etiam jura reis cavent, ut minus potius, quàm plus torqueantur, & tortus salvus maneat tàm innocentiæ, quàm supplicio; *Oldekop. Obs. Crim. Tit. IV. n. 11.* 3. Argumento Zepperi lubest manifesta fallitas hypotheseos, ac si illi, quos fontes esse planè nondum exploratum sit, torturæ censeantur adjudicandi: falsa est, inquam, hæc hypothesis, si tales fontes intelliguntur, qui etiam indiciis culposi non sunt; & quos ita culposos esse exploratum non est; quia non, nisi gravissimis, ac per testes indubitatos probatis indiciis, quæ ipsa culposa sunt, reosque facinorum tantùm non convincunt, gravati eò necessitatis ad confitendum adiguntur: exempli gratiâ; si quis homicidii veneno patrati, accusatur, non protinus fidiculis adjudicetur, ad edisserendum facinus, sed indiciis gravatum esse oportet; 1. ut venenum emerit; aut præparaverit; sic præscribente *Ordinatione Caroli V.* art. 57. aut si emti veneni convictus fuerit: **So der Verdachte wird überwiesen/ daß er Gifft gekaufft/ oder sonst darmit umbgangen;** quod ideò culposum est, quia Pharmacopæis, aliisque, qui venena tractant,

VARIÆ.

stant, & venenum exponunt, prohibitum est, absque speciali permissione cuiquam venenum vendere; *dict. artic. 37. &c.* 2. Ut reus cum extincto per venenum capitales inimicitias gesserit ; aut ex morte aliud commodum, vel concupiscentiæ suæ satisfactionem expectasse probari possit, *dict. artic. 37.* ubi text. ait: Vnd der Verdampte mit dem Vergifften in Vneinigkeit gewesen/ oder aber von jeinem Tod Vortheils oder Nutz wartend wäre, oder sonst eine leichtfertige Person/ zu der man sich der That versehen möchte. 3. Ut reus venenum emerit, emptum autem à se coram judicio negaverit, ac nihilominus de hoc convictus fuerit; quod iterum culposum, quia mendacium magistratui dictum, magnum scelus esse putatur, & prius indicium in tantum aggravat, ut dubitandum non sit, quin accusatus sub tormentis interrogari debeat, in *dict. artic. 37. Ord. Carol.* So einer Gifft kauffe/ und deß vor der Obrigkeit in Leugnen stände/ und doch deß Kauffs überwisen würde/ auch gnugsame Vrsachen zu fragen/ war zu er solch Gifft gebraucht, oder brauchen wollen. Tantum abest, ut quos fontes esse planè non exploratum habemus, torquendos jura pronuncient, nedum, ut Theologus, ad quem hæc quæstio propriè non spectat, tale quid somniet.

Tertium argumentum Zepperi est pag. 748. *Torturas h.u* Augustinum non tantùm improbare, sed etiam deplorare, ac l. 19. de C. D. c. 6. inter errorem humanorum judiciorum, cùm veritas latet, illas referre, & conqueri; *quòd dum interrogatur quispiam, atrum sit nocens, cruciretur, & innocens luat pro in certo scelere certissimas pænas, vel etiam innocens de alterius peccato torqueatur; cumque judex propterea torqueat accusatum, ne occidat nesciens innocentem, fieri per ignorantia miseriam, ut & tortum, & ignorantem occidat, quem ne ignorantem occideret, torseret:* addito tandem; *Hanc rem intolerabilem, magisque plangendam, rigandamque, si fieri posset, fontibus lacrymarum,* Hunc ipsum Augustini locum etiam *Antonius Matthæi* lib. suprà citato *de quæst.* loco argumenti septimi adducit, cumque contra torturam urget; addito etiam Commentario *Luderici Vivis,* in quo tyranni immanioris inventum tormenta appellat, quando *Locus est apud Rhetores Communis de tormentis, contra tormenta: Fortissima sunt, quæcunq, contra tormenta dicunt, quæ verò pro tormentis, futilia & imbecilla.* Sed in promptu est Responsio 1. Augustini verba ad statum quæstionis non attinent, quippe

ANNOTATIONES

quæ loquuntur de torto innocente, qui incerto scelere certissimas pœnas luit, hoc est, de eo, qui indiciis urgentibus nondum est gravatus, & tamen quæstioni per tormenta subjicitur, quod juri & æquitati omnino contrarium, adeoque fontibus lacrymarum tum temporis deplorandum fuit, quem rigorem moderna judicia, ut in quæstionis statu indicavimus, corrigunt: subdit tamen Augustinus in hoc ipso capite, & judicem per tormenta quærentem excusat, inquiendo; *Non hæc facit sapiens judex nocendi voluntate, sed necessitate nesciendi, & tamen quia cogit humana societas, necessitate judicandi.* 2. Ludovici Vivis locus expressè de tormentis iis agit, quæ immanioris tyranni inventum sunt, quæ quanto intervallo à quæstione nostra distent, ex ejus formatione patet.

Quartò argumentatur Zepperus pag. 749. *Multos tortos confessos esse, se admisisse, quod tamen non ab ipsis, sed ab aliis perpetratum res ipsa serò docuerit: è regione tantam esse quorundam in perferendis tormentis constantiam, vel potius duritiem & obstinationem, ut etiam exquisitissimis cruciatibus ad confessionem impelli non potuerint illorum scelerum, quorum tamen reos fuisse vel tum constiterit, vel veritas, filia temporis posteà docuerit;* Adducit hoc idem argumentum *Anton. Matthæi* lib. cit. quod ei est numero secundum, ubi pag. 802. scribit: *quod falsa plerunq; dicendi causam præbeant tormenta, sive durum & robustum, sive infirmum torseris. Robur enim mendacium facile facit, infirmitas necessarium* &c. Dici vix potest, quàm excessivè hoc argumentum D. Meyfartus per multa capita & paginas multas exaggeret: ut nimis prolixum foret, spumam verborum huc transferre: quod argumentum Megalander noster Lutherus longè modestiùs, longè graviùs stringit, quando tom. 7. Jenes. Germ. fol. 60. 6. contra Episcop. Magdeburgensen Albertum demonstrat, quod *Ioh. Schenizium* injustè torserit, ubi inter alia scribit: Daß die Marter und Würgen im Kercker ein fährliche Rechtfertigung ist / da offt Unrecht begangen wird/ fol. 361. 2. Item: Wie offt ists auch mehr geschehen/ daß etwan auch Leut sind hingerichtet auff ihr Bekantnuß / da man hernach über etliche Jahr erst bekommen hat die Rechtschuldigen/ und ist ihnen gleichwol unrecht geschehen. &c. Wiederumb ists war / daß etliche Leut so steiff / vest / und mehr / denn Eisenhart seind/ daß sie lieber sich tod lassen martern/ ob sie wol schuldig seind/ehe sie wollen bekennen. Ib. f. 362. a. Et benè notandum est, quòd

VARIÆ.

perus hoc argumentum experientiâ adeò approbatum asserit, ut exemplis, ex *Valer. Maximo* lib. 8. 4. & *Alexandro ab Alex.* l. 1. genial. dierum cap. ult. adductis subdiderit: *Cujusmodi exempla etiamnum hodie ignota non possunt esse illis, qui vel tenuem vitæ hujus usum habent;* quod imprimis ex Appendice videre est, quam *Iustus Oldekop Observationibus suis Criminalibus Practicis* appendit, in qua præter aliquot exempla eorum, qui verè rei exquisitissima tormenta contemserunt, & constanter superarent, adhuc exempla XLII. eorum ex variis autoribus, *Fulgos. Gilhaus. Alexand. ab Alex. Sabell. Iustin. Iul. Car. Valer. Max. Cornel. Tacito*; imprimis *Iob. Grevio Clivens.* refert, *qui injustè torti, dolore tædentes, delicta, quæ non patraverant, de se confessi, ultimo supplicio affecti, posteà autem innocentes reperti fuerunt.* Sic etiam Lutherus loc. sup. citato fol. 61. b. recenset tria exempla ejusdem argumenti; unum ex Hieronymo de *muliere septies percussa*; alterum ex Augustino; tertium de mercatore Metense, quod circa tempora ejus contigisse videtur, & tàm horrendum est, ut Megalander ejus narrationi hæc verba præmittat, Aber daß zu Metz geschehen ist / möcht wol Richter und Juristen blöd machen: hisque verbis concludit: Es seynd jämmerliche und scheußliche Fälle unter Menschenkindern/da der Teuffel Lust zu hat /&c. Ex quibus omnibus constat, hoc argumentum, si in formam redigitur, fere videri indissolubile; quod quidem tale est: *Cuicunq; modo indagandi veritatem scelerum subest tam periculosa fallacitas, ut per eum etiam insontes ultimo supplicio contingat affici, è contra scelerum sontes dimitti, ille modus in Criminali judicio est illegitimus:* Atqui *modus per tormenta indagandi veritatem scelerum talis est, cui hæc tam periculosa subest fallacitas: Ergò modus indagandi veritatem scelerum per tormenta in judicio criminali est illegitimus.* Utraque Præmissa radiare videtur: Major quidem per hanc rationem consequentiæ, quia imprimis in Criminali judicio judex in ferendâ sententiâ mortis extra omnem dubitationis aleam positus esse debet, ut de patrato rei scelere ferè tàm certus sit, ac è regione certus est de innocentia conscientiæ suæ, quia præterea satius est, mille nocentes dimittere, & committere immediato Dei judicio, quàm unum insontem supplicio ultimo adjudicare; *Dominus enim est, qui vitæ & mortis potestatem habet. Et deducit ad portas mortis, & reducit; homo autem occidit quidem per malitiam animam, & cum exierit spiritus, non revertetur, nec revocabit animam, quæ recepta est, sed domi-*

ANNOTATIONES

ni manum effugere impossibile est; Sap. 16. ⅴ. 14: Et ex Apocalypsi notum est, quàm ardenter vindictam sanguinis sui apud Deum urgeant animæ eorum, qui injustè trucidati sunt, Apoc. 6. ⅴ. 10. qua de causa testes in Criminalibus omni exceptione majores requiruntur, ut rei non nisi convicti aut confessi condemnentur, & judicis conscientia tuta sit, etiam si flammâ in patratum scelus, ob atrocitatem animadverti oporteat. Sed nec *Minori propositioni* aliquid ad sui confirmationem deesse videtur, ob exemplorum copiam, quibus probatur, multos ex impatientiâ tormentorum confessos fuisse scelera, quorum fuerunt puri, & ultimo supplicio affectos, quorum innocentia postea in apricum suit deducta; ut ex mente dissentientium vix verba pro retinendâ torturâ audiamus, ubi tot facta contra torturam videmus. Libuit hoc argumentum in contrarium eò pressiùs stringere, ne quicquam in quæstione tàm gravi, quod utrinque militare videtur, studiosè omittere, & omittendo fucatè agere videremur. Restat, ut Achilleum, sicut videtur, argumentum examinemus, & demonstremus, non tanti esse roboris, quanti esse videtur. *Respondemus* ergò 1. ad *Majorem* per instantiam; Si modus examinandi scelera per tormenta ideò illegitimus est, quia ei fallacitas subest, & periculum, quo metuendum, ne insontes puniantur, sontes contra dimittantur, consequens erit, ipsam constitutionem divinam indagandi scelera per testes, esse illegitimam, quia etiam huic constitutioni subest hæc fallacitas, & periculum, ne insontes condemnentur, & puniantur, nempe *si testes falsi sunt*, ut fuere contra insontem Susannam, & contra insontem Naboth, *qui erant majores n. stu, & optimates in civitate*, 2. Reg. 21. ⅴ. 7. adeoque coram mundo exceptione omni majores, ut jura tali in casu requirunt. Et si hoc non esset, cur falsis testibus à Deo talionis pœna constituta fuisset? Deut. 19. ⅴ. 16. Sed Consequens est falsum, quod ordinationem Dei ob hoc periculum arguit illegitimam; Ergò etiam falsum est Antecedens, ceu ruinosum fundamentum, cui Consequens fuit superædificatum. Quotacunque enim sunt, quibus judicium humanum, judices cum testibus, & testes cum judicibus perverti possunt; imprimis amore, odio, timore, & cupiditate: *Amore*, qui rectum judicium impedit; *Odio*, quod judicem reddit suspectum; *Metu*, qui eundem à recto tramite judicandi abducit; *Cupiditate*, puta præmiorum, & munerum, quæ animum judicis facilè corrumpere possissunt; ut *Ayrer. Process. Iur. part. 1. c. 6. num. 1. 2. 3. 4. 5. 6.* ex *Isidoro*

VARIÆ.

dtto l. 3. defenf. bon c. 5. s. pluribus deducit; quam ob causam solius Dei judicium absolutè infallibile est, qui scrutator cordium est, & αὐτόπτης cogitationum nostrarum, nedum facinorum, quæ etiam in abditissimis angulis patrantur; quod de homine etiam perspicacissimo dici non potest, *qui tantum ea videt, quæ apparent*, 1. Sam. 16. ℣. 7. quæ non apparent, non nisi examine & quæstione, pluribus difficultatibus obnoxiâ videre, & in cognitionem eorum venire potest, sed haud rarò vix venit. Distinguimus ergò 2. (ut directè respondeamus ad argumentum) modum indagandi veritatem scelerum per tormenta; *vel quatenus ad leges, & dispositionem Iuris est restrictus*; vel *quatenus nudo & affectuoso arbitrio judicis relinquitur*; quâ distinctione observatâ limitamus Propositionem Minorem: *Atqui modus per tormenta indagandi veritatem scelerum ad leges & dispositionem juris restrictus est* hujusmodi modus, cui hæc tàm periculosa subest fallacitas; ita limitatam negamus, ob providentissimas Juris cautelas, quibus reis, ne, nisi indiciis gravatissimi, & ferè convicti torqueantur, cavetur, ut judex hac juris dispositione observatâ in hoc criminalis judicii labyrintho in offenso pede conscientiæ progredi, & quâ ipsum via ducit, sine periculo effusionis sanguinis innocentis pergere, gressusque dirigere possit. Sin vero hæc *Minor de modo indagandi veritatem scelerum per tormenta* intelligitur in sensu sequiori, de modo, inquam, qui dispositione juris, & legibus susque deque latis, affectuoso judicis arbitrio relinquitur, liberali manu concessionem negantibus quæstionis tormenta admetimur; hoc autem sensu eam à statu quæstionis tam procul esse dicimus, quàm procul Antipodes Americani absunt ab Europæi orbis habitatoribus, sicut ex quæstionis statu, suprà per ἄρσιν formato est videre. Nec 3. exempla ex *Oldekopio*, *Luthero*, aliis adducta, hanc Minorem sensu à nobis definito negatam probare, facilè appareret, si angustia paginæ pateretur, diligentiùs in singula inquirere, & de eorum circumstantiis constaret. Unicum, à Luthero loc. cit. tom. 7. *tenens*, fol. 360. b 361. a. hic expendamus. Carnifex Metensis irruit tempore nocturno in mercatoris peregrè profecti ædes, trucidat ejus conjugem & liberos, trucidatos in cella sepelit, domum spoliat, & mercatorem reum agit facinoris, eòq; rem deducit, ut mercator quæstioni fuerit subjectus, qui per tormenta infecta facta fatetur; horrendo tandem, tanquam confessus, adjudicatus supplicio; non multò pòst tempore

66 ANNOTATIONES

pare, carnifice prodito per Judæum, cui spoliatos mercatoris scyphos argenteos vendidit. Hunc ne casum justè secundum leges, quæ reis, quò minus sine indiciis torqueantur, favent, favere putemus, in quo tot sint præsumtiones & circumstantiæ pro mercatoris non torquendi innocentiâ, ut mille astitissent carnifices, & sontem affirmassent mercatorem (loquor excessivè) vix tamen tormentis adjudicare judices debuissent; cujusmodi præsumptiones procul dubio erat, mercatoris fama & integritas; econtra carnificis levitas; Item mercatorem in propriam costam, & viscera, quæ procul dubio impendio amavit, non sæviturum, nec propria bona sibi spoliaturum fuisse; calidæ item mercatoris lacrymæ, singultus, & signa cordolii, quæ lapidem ad commiserationem moverent &c. Et quæ id genus erant innocentiæ indicia, argumenta, & præsumtiones adhuc plures &c. quod multò magis de iis exemplis præsumendum est, quæ Oldekop, ex *Valerij Maxim. Cornelij Taciti*, & similibus scriptoribus ethnicis allegat, & ex professo tyrannica sunt, atque à statu quæstionis per ἄρσιν formato sequestrata.

Quintum argumentum Zepperus pag. 749. ita proponit: Ipsæ leges civiles admodum suspectas has habent *quæstiones, quas hoc etiam nomine fragiles dicunt, parceq; admodum, & cautè circa illas versandum sedulo monent. Talia etiam indicia ad Torturam requirunt, ut his positis, nullâ amplius videatur quæstione opus, & à credulitate vix, ac ne vix quidem vindicari possit, eos, qui his gravati sunt indiciis, amplius torquere, & geminâ quasi morte afficere. Nam in l.1. D. §. 17, de quæstion. D. Severus rescribit, confessiones reorum pro exploratis facinoribus haberi non oportere, si nulla probatio religionem cognoscentis instruat. Et in seq. §. 23. respondet ICtus; Quæstioni fidem non semper, nec tamen nunquam habendam constitutionibus declaratur. Etenim res ipsa fragilissima tortura, & periculosa, & quæ veritatem fallat,* & quæ de duritiâ & impatientiâ tormentorum, & vario modo confitendi per tormenta sequuntur &c. tandem l.1. D. §. & l. ult. *Indicium est ex duorum testium incorruptorum indicio.* Respondemus 1. sequitur ne; Ipsæ leges Quæstiones appellant *fragiles*, & monent, *parcè & cautè circa illas versandum*; Ergò ipsæ leges Quæstiones admodum suspectas habent? Annon Zepperum stringit argumenti inversio? Ergò eo ipso, quia cautè & parcè secundùm leges versandum est circa quæstiones per tormenta, hæ quæstiones, secundum leges adhibitæ, sunt legitimæ? Sibi, non judici, reus sceleris convictus imputet,
si ne-

VARIÆ.

in negando est, quorum convictus est, judex per tormenta ex convicto etiam confessum reddit, & confitentem, quàm negantem supplicio ultimo mavult afficere; quod amoris erga justitiam, non crudelitatis adversùs reum argumentum est. 3. Allegatæ leges à Zeppero itidem Zepperum refutant; quarum *prima* à Severo rescripta cavet, ne judex sine corpore delicti reo per tormenta confesso fidem habeat: *Secunda*, ne reus sine sufficientibus & legitimis indiciis torqueatur: *Tertia*, ne indicia ipsa sine duorum incorruptorum testium indicio pro sufficientibus ad torturam habeantur; quæ omnia torturam utique ceu legitimam præsupponunt, minime tollunt, aut suspectam reddunt.

Sextum argumentum iterum contra se, non pro se sumit Zepperus pag. 750. ex Constitutione Criminali Caroli V. Imperatoris, quando scribit: *Ita Constitutio etiam Criminalis Caroli V. Imperat. cavet*, Daß keiner mit peinlicher Plag solle angegriffen werden / es sey dann zuvor rechtlich / und derhalben gnugsame Anzeigung und Vermuthung von wegen derselben Missethat auff ihne glaubwürdig gemacht; Et quæ sequuntur, legibus à Zeppero modò allegatis planè consona; consequenter aliâ responsione, quàm nunc datâ, non ableganda. Quod verò tandem huic argumento subjungit; *Summa Dd. in universum, variâ variorum populorum constitutiones, cùm tàm multis, tàm operosâ, tàm sollicitè de torturis tractant, quando, circa quas personas, quomodo, & quatenus iis utendum sit, vel minus, adq́; prudentiam & discretionem singularem, cum moderatione conjunctam, hîc hortantur; quid faciunt aliud, & testantur, quàm non parum se ipsos huic fidere?* Negamus, inquam, hanc illationem, fallaciâ accidentis oppidò gravidam, dum Zepperus populos ipsi quæstioni per tormenta, & non potius judicibus, intempestivo & immoderato justitiæ Zelo, per inscitiam rerum criminalium ad quæstionem delabentibus perparum fidere opinatur; secus, qui leges de eâ rectè adhibendâ tradi potuissent, si ipsa non recta esset, & legitima? Nedum ut pro alio, quàm impotentis animi dicterio habeamus, quando hoc argumentum concludit: *Quid ergò,* inquiens, *tandem attinet in re seriâ & arduâ, ubi de capite hominis agitur, vel ludere, vel dubitanter agere, ut magistratus in conscientiæ scrutinio & foro ipse sibi satisfacere, aut securus esse non queat?*

ANNOTATIONES

Septimò Zepperus pag. 752. & seqq. præprimis solicitus est pro veneficis, conquerens, quòd in eorum examinationibus & suppliciis bodiè paßim vehementer peccetur, quia etiam innocentes à Diabolo in synagogis & choreis nocturnis poßint repræsentari, & falsò exhibeantur, exemplo Samuelis, qui Sauli, 1. Sam. 28. v. 14. & tempore Hieronymi Sylvani cujusdam, pij viri, qui nobili cuidam fœminæ noctu falsò fuit repræsentatus; Quæ ipsæ Synagoga, commessationes, choreæ, congressus venerei, lycanthropiâ nonnunquam etiam per somnia, aut morbos melancholicos veneficis obversari poßint, ut Augustinus l. 18. de C. D. c. 17. & 18. ejus rei exempla adducat; unde fiat, ut earum confeßionibus etiam sub Quæstione fides absolutè non sit habenda, nisi à posteriori, hoc est, à damnis realibus & exploratis adhæc priora; ipsam sc consæderationem, Synagogas & coitus ordinè retrogrado concludatur: Fieri etiam, ut innocentißimi denunciationibus divinarum in suspiciones veneficiorum traducantur, diffamentur, quibus constitutio Caroli V. num. 21. providè caveat, ne ex his, carceribus mancipentur, quæstionibus subjiciantur, veneficæ a. nihilominus debitis pœnis subdantur. Accedere etiam, ut vulgus, quod veneficas cane pejus & angue oderit, ob metuenda ab iis damna contra eas, quas ex certis rumoribus vel tantillum suspectas habet, tantùm non claßicum canat, eaq̃; quæstionibus & rogis objici postulet; qui rumores prudentibus & cordatis magistratibus omninò suspecti esse debeant &c. ita jubentibus legibus divinis & humanis; Exod. 23. v. 1. 2. l. 12. C. de pœnis apud Grat. C. 30. q. 5. C. Incerta. Feci compendium dictorum Zepperi. Ad quæ respondemus.

Primò quod Zepperi querimoniam de innocenter tortis & supplicio punitis concernit, D. *Meyfartus* cam per integrum librum der Ehrifilichen Erinnerung an Gewaltige Regenten &c. vehementissimè amplificat, ita accusando Magistratus, ut vix ausim recitare vocabula, quæ ὡς ὀνοματοποιῶν excogitavit ad accusationem acuendum, cui calculum haud obscurè adjicit *Oldekop* in procœmio Appendicis exemplorum eorum, qui innocenter torti sint: quando pag. 417. Observ. Crim. scribit: Innocentes torqueri, dolori cedere, confiteri, & suppliciis in hunc usque diem affici plurimos, imò ubi rigorosi & Zelosi sunt inquisitores, & supplicia frequentia, plures innocentes, quàm verè criminis reos ad mortem damnari, nunc viginti sex annorum praxi expertus nihil est, cur dubitem. Idq́; tum propter eorum, quibus arduum hoc, periculosißimum, fallacißimumq́; Tortura negotium, proh dolor, committitur,

VARIÆ.

pus, intempestivum & immoderatum pretensa justitia Zelum, tum inscitiam, rerumq́; criminalium crassam, nostra tempestatis communem ignorantiam, tum avaritiam & negligentiam, tum affectata severitatis gloriolam, tum etiam propter superiorum & Magistratuum contemptum, et iam socordiam, longè infra sua dignitatis fastigium ejusmodi curare, & talium rerum rationem habere dicentium, aliaísq́; causas. quas ipse observationum tractatus sparsim tibi specificè suppeditant. Contrà ego de Christianis Magistratibus semper melius sensi, & meliora speravi, atque adhuc sentio & spero, eos in hoc gravissimo judicio, de quo itidem gravissima reddenda est ratio judici vivorum & mortuorum, nihil prudentiæ & attentionis, quantum humana ope fieri potest, omittere, & ab innocente reorum sanguine sibi tam metuere, quàm sontes sibi metuunt à torturâ & supplicio; quod de Amplissimo Magistratu inclytæ Reipublicæ Eslingensis intrepidè ausim affirmare, qui non tantùm eo tempore, quo me usque in vigesimum nonum annum, primùm Diaconum, dein Pastorem Ecclesiæ habuit, in inquisita per tormenta veneficorum flagitia aliquoties flammâ animadvertit, sed etiam hoc ipso anno currente viginti duos, partim veneficos, partim veneficas igne consumsit, ut eos, quibus carceres adhuc oppleti sunt, & quæstionem, expectant, taceamus; quæ si quis intempestivo & immoderato justitiæ Zelo, rerumve criminalium ignorantiæ, aut affectatæ severitatis gloriæ adscribere, aut aliquot horum catharmatum injustè punitum arguere ausit, is ea actorum monumenta, facinorumque documenta expectet, ad quæ, si in rem præsentem ducatur, exhorrescet; nedum ut judici aut prudentiæ, aut conscientiæ dicam scripserit. Quid enim judici seritur aut metitur, si tam funesta instituenda sunt judicia, ad quæ lex divina tantâ severitate eum obligat, ut illi satius esset, porcorum esse pastori, quàm populorum Rectori, & horrendis, imprimis veneficarum peccatis affectatâ lenitate, aut meticuloso judicio connivere, quia, pretextu arg. l. 5. ff. de pœnis, quam Antonius Matthæi de quæst. c. v. p. 803. adversus torturam impertinenter allegat, *longè satius sit, vel nocentem absolvi quàm innocentem torqueri*; quæ ex non de facinorum indiciis, idoneis testibus probatis, sed tantùm de suspicionibus, quæ judicem adhuc in dubio relinquunt, agit, ut expressa verba, *Sed nec de suspicionibus aliquem debere damnari*, habent, nedum ut judicem in examinandis reis timidum reddat, quem animosum esse jubet ipsa Lex divina; *Oculus tuus*

ANNOTATIONES

non misereatur, Deut. 19. ⅌. 13. & Syracides, μὴ ὀλιγοψυχήσῃς ἐν τῷ κρίνειν σοι, Syrac. cap. 4. ⅌. 9. *Quia,* dicente Leone M. Epist. 82. ad Jul. Coënt. Episc. *ad imperialem pertinet potestatem, ut perturbatores Ecclesiæ, pacis & Reipublicæ inimici solicitiùs comprimantur,* adeoque tam nimiæ lenitati, quàm nimiæ sævitiæ modus statuatur; sævitiæ quidem, quia leges judicem vetant legibus esse severiorem, ne quid aut duriùs, aut remissiùs statuatur, quàm causa deposcit; *l. 11. in princ. ff. de pænis:* Lenitati verò, quia leges vicissim è regione judici prohibent, legibus esse clementiori, *Novell. 82 tit. 11. c. 10.* Ex quibus constat, quàm severè leges divinæ & humanæ judici veternum ex oculis excutiant, cumque adhortentur, ne in judicio imprimis criminali, securus sit, sed tàm innocentiæ, quàm culpæ reorum accuratissimam rationem, ipsi Deo Cardiognostæ aliquando reddendam, habeat; ut, si qui judices uspiam sint, ut essent, qui tàm profligatâ officii conscientiâ de corio innocentium reorum, ut Meyfartus & Oldekop quiritantur, ludunt, omninò dignos censeamus, quibus à superiori autoritate modus statuatur, & pœnæ dictentur, quas in statu quæstionis suprà formato injustis tortoribus à legibus constitutas esse audivimus, tum, ut innocentibus, ne contra jus & fas in tam profundam perditionis foveam præcipitentur, caveatur, tum ut Magistratus, qui in abominanda facinora, ad quæ Infernalis Cerberus hoc lemnisceto Mundi seculo sua flabella instigat atque impellit, justo Zelo inquirunt, & supplicia juxta leges statuunt, hâc durissimâ, tam conscientiæ, quàm existimationi eorum præjudiciosâ dicâ, quam *Zepperus, Meyfartus & Oldekop.* iis indefinitè scribere videntur, subleventur, & debitè potius, tanquam Zelosi Sacerdotes justitiæ æstimentur, aliisque Magistratibus ad faciendum similia in exemplum proponantur, laudentur. Sed esto: Sint ejusmodi judices, à quibus hæc omnia, quæ Zepperus, Meyfartus, Matthæi, Oldekop. ingeminant, peccantur, qui aut ex immoderato pretensæ justitiæ Zelo, aut ex crassâ rerum criminalium ignorantiâ, aut negligentiâ, aut affectatæ severitatis gloriolâ plures innocentes, quàm verè criminis reos torquent, & ad mortem damnant; quid sequitur? Ergò ne quæstio per tormenta in delata, probatisque indiciis gravata flagitia, ad quæ infernalis Lavernio sua flabella in perniciem generis humani incitat, est illegitima, & ex judicio criminali eliminanda? Atqui annon hæc omnia in judicio criminali peccari possent, si omitteretur Quæstio? puta si maximè

con-

VARIÆ

contingeret, ut judices affectibus dediti, qui suo arbitrio, jure ut oculis dimisso, relicti, gemitus innocentium nihil pensi, Ibycique ultores habent pro deridiculo, in judicio sederent, num ob hæc judicum peccata è Republica Christianâ eliminanda essent criminalia judicia? quemadmodum Zepperus, Meyfartus, Matthæi, Oldekopvius alioquin de Republica Christiana optimè meriti, his ipsis de causis Quæstionem per tormenta e foro criminali eliminanda esse arguunt? Num infantem effundemus cum balneo, tam crassam Accidentis fallaciam peccando, usumque cum abusu abrogando?

Quæ *Secundò* Zepperus huic suæ quiritationi de innocenter tortis & damnatis subdit, vera sunt, nec nostro calculo contraria. 1. Innocentes posse deferri, quis neget? imprimis si odium consideramus, quo flagrant veneficæ adversus pias & innocentes fœminas, quod accensum est ob inimicitiis à Domino inter Serpentem Antiquum & Semen Mulieris positis: quo in casu Jura providentissima sunt, ne Quæstio præcipitetur, ut videre est ex Consilio, quod Iuridica Universitatis nostræ Facultas patrum nostrorum memoriâ Marchioni Badensi super hoc denunciato casu rescripsit, & à verbo ad verbum in suprà allegato tractatu D. Thummii de sagarum impietate a p. 76. ad p. 90. exscriptum extat. Si enim denunciare & accusare sufficit, quis sub innocentiæ umbone tutus erit? Imprimis ubi deferens ψευδομάντης est pater mendacii, Johan. cap. 8. v. 45.? Sed 2. nec ipsas confessiones visitationis chorearum, aut transmutationis in bestias, aut commixtionis cum Diabolo statim carceres, & quæstionem per tormenta, si desunt maleficia, mereri, itidem cum Zeppero, ut ex statu Quæstionis, suprà per ἄρσιν formato, constat, statuimus, quia hæc corpora delictorum ut plurimum phantastica sunt, & actionis veritate non nituntur. Quamvis enim dubium non sit, à Diabolo per aerem ut plurimum verè ad choreas transportari lamias, non tamen semper hoc fieri, exempla sunt in promptu: vicissim nunquam eas aut in bestias mutari, aut verè commisceri cum Diabolo, ea argumenta sunt in medio, quibus impossibilitas harum actionum per naturam demonstratur, ut cerebrum in calcaneo gestet oporteat, qui eorum vim non agnoscit: Quis autem ob impressiones melancholicas, aut actiones phantasticas per Diaboli fascinationes fucato typo rei gestæ signatas, quenquam mortalium aut torquendum, aut ultimo

ANNOTATIONES

rimo judicio adjudicandum, si defunt maleficia, affirmet, ut maximè earum confessiones habeantur? quia corpora delictorum, quòd vera sint, & substantiâ facti non careant, luce meridianâ clariora esse oportet, ne in tantâ severitate processus judex cum larvis pugnet, nubemque pro Junone amplectatur, & rogum incendat, ligno deficiente. Lubet experientiam allegare, n xam conscientiâ officii, Annus jam decimus circiter sextus currit, cùm Eslingæ vinitoris cujusdam conjux sponte fateretur, se, dum ex sylvâ domum regrederetur, à viro quodam, qui venatorem repræsentaverit, compressam fuisse in loco quodam nominato, cujus alterum pedem post actum observaverit non justum fuisse, tanto deinne adversus maritum odio inflammata, ut parum abfuerit, quin eum cultro transfodisset: Orationem præterea Dominicam orare amplius aut noluit, aut non potuit, etiam præeuntibus orando collegis, & me vel tandem illam, ut oraret, adhortato; tandem sub spondam in cubiculo tàm artè sese abscondiderat, ut vix amplius prorepserit; torvum videbant oculi, funesta erant omnia. Quid inclytæ Reipublicæ Magistratus? carceri ne miseram inclusit, Torturæ subjecit, & damnavit ad supplicium? Minimè verò; quin consilio à Juridicâ Facultate Universitatis nostræ, quæ pro melancholicâ eam habuit, accepto, Ministerio Ecclesiastico informandam reliquit, donec ad pristinum mentis statum rediit, iis signis pœnitentiæ datis, quibus diffidere charitas prohibuit. Exemplum aliud: Deizisoviæ (pagus is ditionis Eslingensis est) circa ea ipsa tempora erat fœmina, quam adhuc superstitem esse in judicio, quæ mihi falla, imò conquesta fuit, quòd sibi tàm importunus esset Diabolus, ut nusquam ab eo missa fieri potuerit; comitari, inquiebat, se nebulonem, si in templum ingrediatur, comitari, si templo egrediatur, etiam si in rus eat, & tàm clarè secum loqui, ut miraretur, quòd alii, qui juxta se essent id non audirent: Quæsitæ, num fidem ei poponderit? & neganti, dedi consilium, ut imprimis sibi familiarem redderet cantionem, Gott der Vatter wohn uns bey, und laß uns nicht verderben; Item petitionem sextam Orationis Dominicæ; Et ne nos inducas in tentationem; quæsivi ex ea ulterius; Utrum justo tempore fluerent, quæ mulieribus menstrua sunt; (nam ex oculorum torvitate, aliisque signis auguratus sum hujus rheumatis obstructionem, & ex obstructione hæc pathemata ipsa: erat enim fœmina inter 30. & 40. annos media, plethoricæ insuper constitutionis) cùmque responderet,

VARIÆ.

dudum emansisse omnia, ablegavi eum ad Medicum, monuique, ut ejus consilio obsequeretur, addito solatio, omnia in melius versura; quod eventus, solatio respondens, docuit; dum sectis ex consilio Medici venis, & aperta per medicamenta naturæ viâ, & corporis & mentis valetudini feliciter fuit restituta. Lippis præterea, & tonsoribus notus est casus, qui ibidem, in Ecclesiâ tum meâ, anno 1612. notoriè contigit, cùm Diabolus juvenem quendam visitorem sibi chirographo, sanguine ejus scripto, obligatum adigere vellet, *ut omnia, quæ posset, perderet*, sed patrare id renuentem ad desperationem adigeret, ut baltheo collum suum constrinxerit, & constrictum appenderit clavo; quam tragœdiam uxor ejus superveniens extemporaneâ nexus incisione impedivit, & maritum hunc suum, vitæ vix amplius manifestum, ex mortis faucibus eripuit; qui ob id quæstioni per tormenta non fuit subjectus, sed inquisitione accuratè prius institutâ, Ministerio Ecclesiastico relictus, cujus ille curâ, cum itidem Orationem Dominicam, imprimis sextam petitionem amplius orare non posset, per Dei gratiam feliciter restitutus fuit, & adhuc vitam innocentem agit, lacrymisque effusis Ministerio gratias habuit, & adhuc habet. Integer casus extat *in Casual. meis Conc. Sect. 1. à pag. 3. usque ad 116.* equidem à Jesuitis Dilling. pasquillo traductus, sed quos apologiâ meâ ita excepi, ut cachinni eorum ferè in furorem verterint.

Imò 3. quod ad famam attinet, etiam hîc Zepperi & Meyfarti sententiæ assurgimus, solique dicacitati ejus fidem ad quæstionem per tormenta tribuendam esse non sentimus. Quamvis enim non nihil sit, quod jura famæ in civilibus tribuunt, adeò, ut aliquot casus sint, in quibus plenam probationem inducere statuitur, quos *D. Ioan. Crotus tract de testibus pag. 486. num. 43. 44. 45. 46.* recenset: etiam in causâ criminali, si crimen probatum est plus quàm semiplenè, puta per unum testem de veritate, & aliquod aliud indicium, quo casu probationem perficit, ut crimen plenè probatum dicatur; ibid. num. 54. sola tamen sufficiens indicium ad torturam non facit; ibid. num. 51. quippe quæ tam falsi est dicax, quam nuncia veri, malumque est,

- - - *quo non aliud velocius ullum,*
Mobilitate vigens, vires acquirit eundo;

nedum ut judex ejus dictamine stare possit, si rei per tormenta quærendi veniunt, & finis quæstionis est, animadversio in patrata scelera per supplicia.

cia. Quid autem hæc ad conclusionem contra torturam, si cætera jure
ta leges sunt paria? Si corpora delictorum sunt præ oculis, damna per
veneficia illata, quæ naturæ opem habent pro ludibrio, & ob cruciatus intolerabiles graviora sunt morte ipsâ, flagitia item veneficium concomi-
tantia, Sodomia, muta peccata, incestus, actusq; exerciti tàm abominan-
di, ad quos Acherontis furcifer hæc sua instrumenta impellit, ad quorum
atrocitatem cœlum exhorrescat, & obstupescant elementa? Quid,
inquam, si diabolica hæc stabula nequitiæ eò atrocitatis facinorum
progrediuntur, & Judici ordinario deferuntur, delata indiciis idoneè
probatis gravantur, gravata minimum semiplenâ probatione in apricum ducuntur, & educta, per confrontationem complicum confundun-
tur? Quid, inquam, si in hanc Rhodum deventum est, judex tum aliud
agat, quàm ut juxta leges quærendo saltet, & præfracte negantibus necessitatem eddererendæ veritatis per tormenta providè adhibeat, even-
tumque quæstionis patienter expectet, confessa flagitia juxta leges pu-
niat; non confessa judici vivorum & mortuorum committat; reo gra-
vato equidem ab instantiâ, non tamen à crimine absoluto; secus quò
delapsura esset Cacodæmonis adversus genus humanum violenta per-
versitas, si necessitate quæstionis posthabitâ expectare vellemus famu-
litii ejus confessiones spontaneas, quæ calendis græcis judici citius non
sunt expectandæ, non tantùm propter horum catharmatum malitiam,
sed & propter metuendum supplicium, quo in casu Domini suæ vitæ
non sunt, ut quasi Scævolæ suum corpus flammâ ustulandum carnifici offerant & exponant.

Tandem Zepperus pag 757. & seqq. dat consilium, quo pacto
occulta scelera in lucem protrahenda sint, ut judicia in facinorosos
exerceantur, vicissim sceleribus & sceleratis patrocinium non præstetur.
Hic, inquit, *Deum Deut. 17. v. 2. & seqq legem dictasse, qua apertam tu-
tamq, viam monstret; in qua quinq, præcipiat.* Primum *esse, ut malefici a conscis sceleris Magistratui renuncientur & indicentur; quod nec
proditorum, nec Sinonium sit, ut vulgus ferè existimat.* Secundò *Magistratum ad nudas indicationes aliorum non debere esse nimium credulum,
illicò ad torturas procedendo, sed prius diligenter inquirere, investigare,
interrogare, Deut. 13. v. 14. quàm fieri possit, occultatissimè &c.* Tertiò
*ipsos etiam reos interrogari debere, & omnia tentari ad eliciendam veri-
tatem patratorum scelerum, exemplo Josua Achanum examinantis, Je-*

su*

VARIÆ.

flu 7. v. 19. &c. Quartò, *nec qua à reis elicita sunt, pro certis prius debere haberi, quàm ulterior fiat indagatio, an illa reverâ ita se habeant, quia multoties compertum sit, captivos metu & vi tormentorum ea confessos esse, qua ipsos minimè patrasse postea serò constiterit.* Et Quintò, *accusatis reis necessariam defensionem, justumq́ ad id.am tempus permittendum esse; quò etiam pertineant Advocati, vel Procuratores, qui destinentur &c.* Quæ omnia recto stant talo, & omnimodâ contradictione carent; excepto, quòd instantiæ præoccupando Zepperus concludit: *Quod si,* inquiens, *Torturis omissis, scelera & flagitia multa in occulto manere, neq́ in apertum proferri quis causetur, cum inquisitionibus & investigationibus etiam exactiss.mis sæpe nihil proficiatur, & opum, honoris atq́, vitæ jactura potiss:mum repagulum & pessulum sceleratorum oribus atq́, linguis obdat, non meis, sed Chrysostomi verbis homil. 46. ad pop. Antioch. respondeo, ubi inquit:* Nec ab omnibus hic exigit Deus, ne resurrectionem desperes, & judicium definas expectare, quasi omnes hic reddant rationem. &c. Item verbis Augustini l. 3. cont. Epist. Parmen c. 2. de disciplina Ecclesiastica: *Misericorditer corripiat hoc, quod potest, Quod autem non potest, patienter ferat, & cum dilectione gemat atq́ lugeat, donec aut ille* (Deus videlicet) *desuper emendet & corrigat, aut usq́, ad messem d fferat eradicare Zizania, & paleam ventilare.* Hæc, inquam, objectionis à Zeppero præoccupatæ solutio vera est & valida de iis criminibus, quæ certis, & idoneè probatis indiciis carent, solàque famæ dicacitate interdum percrebescunt, & ad diffamatum per tormenta quærendum nondum sunt matura, adeóque necessariò committenda Deo, qui *cuncta, quæ fiunt, adducet in judicium, etiam omne occultum, sive bonum, sive malum sit*; Ecclesiast. c. 12. ℣. ult. sicut etiam Chrysostomi verba de occultis facinoribus, & Augustini de disciplinâ Ecclesiasticâ expressè loquuntur; de quibus Zepperus oppidò absurdè addit, *quòd ad scelerum pænam, & supplicia publica rectè transferantur.* Quantum enim criminale judicium distat à disciplinâ Ecclesiasticâ ! & hujus correctio, quæ fit mediante gladio Spiritus, ad supplicium, quod gladio Carnificis de facinorosis sumitur, rectè statuatur transferri ! quàm torta est hæc inconsequentia ! Quicquid a. sit, quæstionem hanc de Quæstione verbis Regii Psaltæ concludo; *Erudimini, qui judicatis terram, servite Domino in timore & exultate ei cum tremore*, Psal. 2. v. 10, 11. Aperite in hoc tremendo judicio oculos, non tantùm ante Quæstionem per tor-

L men-

menta, ne innocentes adigantur in has angustias, sed etiam in ipso Torturæ actu, ne quæstio in tortum sit furore percita, tormentorum intensione arbitrio Carnificis relictâ. Cur enim vehementiâ verborum urgeatur, quem pendulum à fidiculis urget dolorum acerbitas? *Parcas tibi met ipsi*, dicat judex in Tortura reo misero, *non negando facta, quorum reus es, ne nos ex officio torquere te oporteat facta negantem*: Sic Josua Achanum, anathematum furem, candidatum supplicii, Sorte jam proditum, fuit allocutus: *Fili mi, da gloriam Domino Deo Israël, & confitere, atq; indica mihi, quid feceris, ne abscondas*, Josu.7.℣.19. Ac sic quidem fiat justitia, & pereat Mundus. *Non auferet Deus à justo oculos suos, & Reges in solio collocat in perpetuum, & illic eriguntur. Et si fuerint in catenis, & vinciantur funibus paupertatis* (vertente Luthero: Gebunden mit Stricken elendiglich) *indicabit eis opera eorum, & scelera eorum, quia violenti fuerunt. Revelabit quoq; aurem, ut corripiat, & loquetur, ut revertantur ab iniquitate. Si non audierint, transibunt per gladium, & consumentur in stultitia*, Job.36. ℣.7.8.9.10.11.

De officio Ministrorum Ecclesiæ erga reos, imprimis veneficos & veneficas, condemnatas ad supplicium.

Quàm vehementer jam dudum ἐν ἁγίοις triumphans Theologus D. Meyfartus Ecclesiæ Ministris, quos odiosè *Prædicantes*, Prædicanten / quanquam ipse *Prædicans*, appellat, ob Zelum non secundùm scientiam succenseat, prolixum esset referre. Cap. 4. pag. 35. inquit: Schauet doch die Liebe eines ungerechten Eyferers/ eines Prædicanten auff der Cantzel; Sie ist kurtzsinnig/und feindlich/sie eyferet/sie treibet Muthwillen/sie blehet sich/sie stellet sich ungeberdig &c. Item c.6. p. 46. dem Prediger soll ich glauben/und finde doch in diesem und jenem Falschheit/was kan ich von dem andern halten? Vielleicht werde ich in mehren Stucken hintergangen? der Lehr soll ich folgen/und präse in Worten und Geberden keine Sanfftmütigkeit/sondern Grimmigkeit des Parder/Blutdürstigkeit der Löwen, Rachgierigkeit der Tiger, ꝛc. Et sic deinceps per multa libri capita chordâ ferè semper eâdem. Qui Ecclesiæ ministri hujus monetæ oboli sunt, digni non sunt, ut conscendant sunt cathedram; qua de causâ operæ pretium est, conclusioni quæstionis quædam subnectere monita de partibus officii Ministerii Ecclesiastici, circa damnatos veneficii reos ad supplicium; de quibus B. *Meyfartus* in tractatu germanico pluries allegato, cap. penult. p. 259. 260. 261. 262. duodecim regulas tradit, quarum aliquibus obsequium deferimus, aliquibus verò censoriam virgulam adhibendam esse putamus.

Sex sunt, quibus assurgimus, sex vicissim, quas corrigendas, aut abolendas esse censemus.

Prima regula inquit; Requiritur à Confessariis, *ut sint humiles, misericordes, condolentes* &c. Daß sie demütiglich / barmherziglich / vernünfftiglich / und mittleidenlich handlen / keine Zeichen deß Zorns / der Ungestümmigkeit / deß Hasses / deß Neids / der Widerwertigkeit blicken lassen. Aurea est hæc, & in æs incidenda regula. An enim sub cœlo miserior, & consequenter misericordiâ dignior creatura est, quàm sunt rei, ob facinora patrata ad gladium, laqueum, imò ignem damnati? quorum conscientias si Confessarius, prius legaliter factis faciendis, condolenter & mansuetè ex verbo Dei non erigit, quid mirum, si supplicium prævertat desperatio? dum *laquei mortis eos circundant, & conturbant torrentes Belial:* Ita ergò Confessarius erga hos miseros candidatos supplicii sese exhibeat, ut ad primum ipsius conspectum reficiantur, quemadmodum antè exhorruerunt conspecto Carnifice. Si enim reficiendi sunt corporali nectare mœrentes, *qui perituri sunt*, sicut Lamuelis mater præcipit, *ut miseriæ suæ obliviscantur*, Prov. 31. v. 6. quid non fieri debere putemus ab animæ Confessario, nectare Evangelii propinato, etiam quod ad modum humanitatis & condolentiæ attinet? Sic præeunte Confessarios Christo, *cujus vox non auditur foris*, vertente Luthero, Er wird nicht murrischen seyn; *calamum quassatum non conteret, & linum fumigans non extinguit*, Esa. 42. v. 2. Quod etiam in familiaritate conversationis Confessario observandum esse puto, ne in eos, quos ante vincula ob ætatem in plurali numero *vobissando* fuit allocutus, jam in hac miseria austerè *tuissando* invehatur, sed in tertia persona cum iis loquatur, ad declinandam inhumanitatis speciem.

Secunda regula jubet Confessarios *implorare Deum ad imperandam illuminationem Spiritus Sancti in tam gravi negotio.* Prima debuisset esse regula hæc; juxta illud: *A Iove sac ersum, ne serpens det*

L 2

ANNOTATIONES

tibi morsum. Item ; *Sine tuo Numine nihil est in homine, nihil est illi noxium.*

Tertia regula vetat Confessarios, *ne spirando urgeant reos damnatos, ut in confessione persistant.* Recte, nisi reus sponte confessionem revocet, eamq́; doloris magnitudini adscribat ; quo casu Confessarii officium requirit, ut eum adhortetur, ne judici fucum faciat ; sin revocationi confessionis extortæ inhæserit, tum Confessarius hoc judici indicet, eidemq́; totum negotium, ceu ordinario Magistratui, in solidum committat.

Quarta regula jubet Confessarios *Reos damnatos admonere, ut, si quos præter meritum vi Torturæ detulerunt, conscientiam liberent, & innocentiam innocenter delati aperiant.* Etiam hoc recte: secus quâ conscientiâ condemnati finirent ? qui salvi fierent ?

Undecima regula ex Ordine à D. *Meyfarto* observato, jubet Confessarios *rationem habere temporis, personæ, ætatis, & Status reorum.* Quis neget hoc in tantâ tàm facinorum, quàm reorum diversitate & varietate ?

Duodecima regula admonet Confessarios, *ne sibi ipsis nimium fidant, aut Salomonis sapientiam imaginentur ; spreto Virorum ætatę graviorum, & doctrinâ excellentium consilio.* Iterum optimè monitum ! Utinam tàm benè in regulis, quæ sequuntur !

Sex ergò reliquæ regulæ, à D. *Meyfarto* Confessariis reorum traditæ, corrigendæ potius, quàm prorogulis habendæ sunt.

Quæ numero quinta est, jubet Confessarios *in specialia reorum facta inquirere, reos ex inquisitis circumstantiis examinare, & quæ disconveniunt, iis demonstrare* &c. Atqui quid hoc aliud esset, quàm incompetens in acta judicis inquisitio, & studiosa reorum, ut confessionem resorbeant, instigatio ?

Sexta regula adhuc durior est, jubens Confessarios, *si subodorentur, tum sic spurcè / captivis reis vi Torturæ aliquid esse extortum, ut judicem ob id igneo Zelo, tanquam perturbatores Israël, corripiant, & hoc quidem in eorum faciem, etiam cum mortis, si id ipsis ob hanc correctionem vitæ eundum esset, periculo.* Atqui quo argumento certus esse potest Confessarius, rem ita se habere, ut ille putat, *se eam subodorari* ? Cui deinceps plus fidei tribuat ; An reo, qui forsan metu mortis confessa revocat ? an judici, qui indubitatis indiciis gravatum, & delicti, cujus corpus præ oculis est, pænè convictum, per fidiculas ad confessionem compulit ? Num Confessarius cum, qui est administra-

ἀκτωρ justitiæ, ob administratam justitiam in faciem corripiat? quid solatii capere posset talis Confessarius, si hoc pacto in periculum mortis incideret, quia revera pateretur tunc, ut ἀλλοτριεπίσκοπος? à quâ culpâ quemlibet Christianum sibi accuratè cavere Petrus 1. Epist. c. 4. v. 15. adhortatur. Sufficit ergo hoc in casu Confessariis cautela, quàm in tertia regula posuimus.

Septima regula planè à recto tramite deviat, & ex Confessario ex professo facit ἀλλοτριεπίσκοπον, planè, ut regula antecedens; jubens cum *ex actis Iudicum Criminalium, der Hexenmeister, inquirere, quàm bellè, wie artig, proto collum judicum, der Marter-Hetren, & confessiones tortorum concordent.* Justior & exactior censuræ virgula ad hanc regulam expungendam haberi non potest, quàm Christus suo exemplo Confessariis in manus dedit, cùm quidam eum rogaret, ut fratrem suum hortaretur ad divisionem hæreditatis, Christus autem ei responderet; *Homo, quis me constituit judicem, aut divisorem inter vos?* Luc. 12. v. 14. Ad quem textum D. Andr. Osiander in margine hæc verba annotat: *Non improbat Christus officium Magistratus, sed discernit officium Ecclesiasticum à politico*: & ut in terminis Criminalibus maneamus, ne quidem fœminæ in adulterio deprehensæ, & coram se à Scribis & Pharisæis accusatæ judex Salvator esse voluit, inquiens; *Nec ego te condemnabo; vade, & jam amplius noli peccare*, Joh. 8. v. 11. Et Confessarius juxta hanc D. Meyfarti regulam acta Criminalia à judice petat, ea cum Veneficarum confessionibus contendat, ut pro veneficis contra Judices suum interponat judicium? Nisi beatus esset hic celebris famæ Theologus, ausim dubitare, num, cùm hanc regulam traderet, fuerit rationis compos: Et hoc quidem eò magis, quia ipse in hoc vehementi suo libro imprimis cap. 8. pag. 58. concionatores, qui Magistratus suos ad veneficia punienda adhortantur, hoc ipso nomine, quod intra cancellos sui officii sese non contineant, acerrimè perstringit, ut verba scurrilia pigeat allegare; quibus vel tandem subjungit: Ach/ was soll ich sagen und klagen? Die Prediger haben ja das Recht nicht studirt/ und darumb haben sie keinen rollen Verstand in Sachen. Wann sie nicht in ihren Schrancken bleiben/ wie hefftig versündigen sie sich: nunc autem regulam tradit, juxta quam Confessarius etiam in acta judicis inquirat, ut inter judicem & reos causam cognoscat, & de causâ cognitâ sententiam ferat? Annon manifestus andabatinus hic est?

ANNOTATIONES

quanquam nec hac folummodò in regulâ tradendâ, fed etiam in ᛋ cap. 35. pag. 254. fui oblitus, confilium det, ut Concionatores fedeant in ipfo judicio criminali, & vota ad fententiam ferendam conferant, dum fcribit: Wäre es nicht sicherer / wann zu solchem peinlichen Senat nicht nur Politische / sondern auch Geistliche Personen gezogen würden? Quid autem ibi agant, fi caufas criminales non intelligunt? Wann sie in Sachen keinen polen Verstand haben?

Octava tandem regula jubet Confeffarios, *ut animos reorum promifsionibus, obligationibus, atteftationibus Jucren. ye, nocentiam & innocentiam hac pacto à reis expifcentur.* Atqui quid hoc aliud effet, quàm reos feducere, ut gloriam, quam confitendo Deo dederunt, negando Deo iterum auferrent? quò confufionis vel tandem progreffura effet Respublica Chriftiana, fi in judicata tribunalium concederetur Confeffariis inquifitio, an judicata rectè fefe habeant, nec ne? nocentes an innocentes damnati fint, nec ne? Annon hoc pacto introducerentur fcrutinia caufarum forenfium Jefuitica? Retia, quibus Confeffarius reorum animos aucupetur, alia non funt, quàm Evangelica, in quibus non Confeffariorum, fed ipfius Dei continentur promiffiones, conteftationes & obligationes, de peccatoribus etiam maximis, fi convertantur, in gratiam recipiendis, in quibus retibus tendendis Confeffarius equidem affabilitati erga hos miferrimos candidatos mortis ftudeat.

Et hæc quidem de partibus Minifterii Ecclefiaftici circa veneficos & veneficas, quibus fententia mortis eft denunciata, nihilque reliquum eft, quàm fupplicium.

Sed quia principiis eft obftandum, & contra μεθοδίας Diaboli fero medicina paratur, qui plerumque venit ἐν τῷ καθεύδειν τὸς ἀνθρώπους, Matth. 13 v. 25. & laqueos nobis tendit, quos citra falvum conductum angelorum impoffibile eft declinare, ut Auguftinus Soliloq. c. 16. de iis fcribit: *Ecce tetendit ante pedes noftros laqueos infinitos; & omnes vias noftras variis replevit decipulis, & quis effugiet? laqueos pofuit in divitiis, laqueos pofuit in paupertate; laqueos tetendit in cibo, in potu, in voluptate, in fomno, in vigilia. &c.* quod lugubris experientia, & criminales proceffus contra veneficos & veneficas (proh dolor) vero veriùs teftantur; quid reliquum eft, quàm ut imprimis Ecclefiarum Minifri contra hunc rugientem leonem officium fuum quoquo modo via

§ lan-

VARIÆ

quando faciunt ? Ut *vigilent*, ovibus suis pericula ab hoc infernali Spiritu passim structa, ob oculos ponendo, dum quasi leo rugiens circumit, quærens, quem devoret; 1. Petr. 5. v. 8. *Vigilent*, fraudes, insidias & deceptiones nebulonis infernalis, donec miseras animes in nassam trahit, detegendo; inquientes cum Apostolo: οὐ γὰρ ἀγνοοῦμεν αὐτοῦ τὰ νοήματα, 2. Cor. 2. v. 11. quia, dicente Fulgentio, Epist. 4. ad Probam, *non est aliquod vitæ tempus, in quo non hominibus muscipulam tendat inimicus*: *Vigilent*, Ecclesiis suis funestissima exempla eorum remonstrando, quos ob veneficia, instinctu Diaboli patrata, jam cum horrore absumpserunt supplicia: *Vigilent*, jam ab hoc maligno hospite seductos, sed adhuc dum sub senticeto latentes dehortando, & argumentis ex verbo Dei desumtis instando, ut resignatâ Diabolo suâ fide revertantur, ac monstratâ viâ, quæ foro soli equidem non spreto, in conversionis tamen tramite non attento, tempore gratiæ resipiscentibus ad Salvatorem adhuc patet: *Vigilent*, Disciplinam Ecclesiasticam paternâ severitate urgendo, sibique & toti gregi attendendo, imprimis *concupiscentiis carnis & oculorum, ac superbiæ vitæ*, 1. Johan. 2. v. 16. ebrietati, chorearum levitati, amorisque juvenum & juvencularum inordinati procacitati sese opponendo; quia dici non potest, quot volucres infernalis auceps decipiat, si hæ fistulæ dulce canunt, & ab iis, qui eas ex officio frangere deberent, non franguntur: *Vigilent*, magistratus suos ex verbo Dei modestè adhortando, ut his Diaboli cuniculis, per quos tot myriades animarum in æternum exitium præcipitantur, eo, quo par est, Zelo sese opponant, deprehensa, & in apricum ducta maleficia puniant, hocque pacto securitati societatis humanæ consulant; spretis dicteriis, quibus, si hoc pacto vigilant, à D. Meyfarto attrectari videntur, ac si *rosarum sertum stercore equino adornarent*, & exinde titivillitium caperent, **daß sie sich einmal in der Kirch können solten und außfollern**; qualia in tract. sæpius allegato cap. 8. pag. 58. item c. 18. p. 158. ipsis objiciuntur: *Vigilent* auditores suos ad vigilantiam & preces contra maleficum hoc genus hominum excitando, sicut Christus hæc duo prophylactica, *vigilate & orate*, Matt. 26. v. 41. tentat omnibus opponere jubet; quia exemplis constat, veneficas proximo multoties damna inferre non potuisse, nisi precibus matutinis negligenti, quemadmodum M. Waldschmid *in Pyrbonis. Endor. Conc.* 11. p. 244. ex Herberg. part. 1. Magnal. exemplum alicujus

ANNOTATIONES

cujus Pastoris refert, qui noluit credere, quòd veneficæ homini quicquam nocere possint, donec venefica quædam interventu singularis stratagematis ei ita nocuit, ut fidei documentum cum dolore in proprio corpore habuerit: Imprimis etiam *vigilent*, Sadduczos nostros redivivos, qui & Sagas, & Spiritus, Sagas seducentes, esse pernegant, refutando, eisque Diaboli ungues, ex quibus infernalem Leonem dilcant, in his veneficorum & veneficarum horrendis facinoribus monstrando; de quibus suprà pag. 52. conclusionem *ex Religione Medici*, hos Sadduczos *atheos* arguentis, approbavimus; quamvis qui refutentur, vix habeantur digni, ob argumenta à posteriori tàm evidentia, ut Solis meridiani lumen æquiparent; inter quæ imprimis numeranda est hominum à loco in remotissima loca momentanea deportatio, & per aerem transvectio; quemadmodum exemplum cujusdam juvenis, Diabolo non fœderati, & tamen è loco propè Eslingam fere in momento temporis usque in fines, si rectè memini, Coloniensis agri deportati, inpromptu est, quod Patrum nostrorum memoriâ contigit, & cum circumstantiis cognitum, atque in acta relatum Eslingæ in Archigrammatei regiſtratura extat, dignissimum, quod ad obturandam Sadduczorum & Atheorum nostri temporis buccam in lucem publicam emittatur.

Hactenus de quæstione prima, nempè; *An modus maleficos & sagas per tormenta quærendi sit legitimus, nec ne?* Sequitur quæstio altera,

Quo supplicii genere malefici & veneficæ sint afficiendæ?

Dixi in Oratione pag. 11. *Si Erythræa hodie viveret, eam pro lamia habiturum, & secundum Carolinam, imò Moſaicam Constitutionem igni adjudicatum & combustum iri*. Limitavi suprà in his notis sub lit. Qq. pag. 55. hoc effatum ex mente *Frid. Martini*, Canonum apud Friburgens. Professoris, qui lamias etiam sine veneficio Diabolo fœderatas ultimo supplicio, & quidem igni adjudicat: Limito id ulterius, tanquam adhuc liberaliùs, etiam de Mosaica Constitutione dictum, quia Mosaica Constitutio de genere supplicii lamiarum nihil definit, excepto, quòd earum pœna sit ultimum judicium; *Maleficos* (juxta Hebraicam veritatem, *Maleficam*) *non patieris vivere*, Exod. 22. ỹ. 9. Ubi notandum,

dum, in orig. textu extare participium nominale מְכַשֵּׁפָה, per quod nonnulli talem veneficam intelligi putant, quæ in perniciem hominum & pecudum veneficia exercet ; Sed quos *Delrio* Disq. Magic. l. 1. c. 2. pag. 11. refutat, inquiens; hac voce *Magicorum ludibrioram* genus omne contineri: quamvis etiam Carolina Constitutio cap. 109. Diabolo fine maleficio fœderatos ab ultimo supplicio eximere videatur, juxta verba c. 109.: Wo aber jemand Zauberey gebraucht, und damit niemand Schaden gethan hätte, soll sonst gestrafft werden nach Gelegenheit der Sachen / darinnen die Urtheiler Raths gebrauchen sollen / wie vom Rathsuchen hernach geschrieben steht. Quicquid sit, *M. slescos*, sive *Maleficam*, inquit lex divina, *non patiaris vivere*. De supplicii genere in præsens quæstio est, quam Carolina Constitutio l. c. definit esse vivicomburium: So jemand den Leuten durch Zauberey Schaden oder Nachtheil zugefüget/ soll man ihn straffen vom Leben zum Tod/ und man soll solche Straff mit dem Feuer thun. Ex quo evincitur, Veneficos & Magos in Imperio Romano regulariter flammis comburendos esse. Quanquam autem à me procul abesse velim omnem sugillationem hujus Constitutionis, quâ hæc execranda Diaboli mancipia ad ignem sibi in debitam pœnam, & aliis in terrorem condemnantur; ingenuè tamen fateor, me ob hoc supplicium damnatis propter cruciatus, qui infernalibus vix inferiores esse videntur, semper condoluisse, veritumque fuisse, ne patientia illorum ob tormenta vehementissimi elementi in desperationem verteret, & Confessarii in erigendis eorundem animabus oleum & operam perderent, si vitæ finem, ut metuendum, excipiat desperatio; quam ob causam crediderim, Inquisitoribus Hæreticæ Pravitatis regni pontificis à Spiritu non alio, quam qui homicida est, adversus confessores veritatis inspiratum esse vivicomburium, scilicet ut in Scyllam desperationis per flammarum cruciatus inciderent, qui apostasiæ Charybdin per spiritum constantiæ evitarunt; *in quorum tamen infirmitate virtus Dei perficitur*, 2. Cor. 12. ℣. 9. *ut nulla creatura*, consequenter nec violentissimum ignis elementum, *eos à charitate Dei separare possit*, Rom. 8. ℣. 39. sicut exempla martyrum *Iob. Hussi, Hieronymi Pragensis*, & myriadum aliorum testantur. Quòd autem hoc supplicium omnium sit crudelissimum, vel minima flammula, saltem extremitatem minimi digituli contingens, id negantem docere potest; ut

ANNOTATIONES

jure merito pro *serenißima pœna* à Carpzovio part. 1. Criminal. quæst. XLIX. n. 5. habeatur; contrà, quàm *Andr. Rivetus* Exercit. CLIII. in c. 38. Genes. fol. 745. sentit, lapidationem supplicio ignis non minus gravem fuisse, *quia ignis celerius suffocaverit, lapidati autem sæpè multum languerint, pluribus ictibus, priusquam expirarent*. Quid enim centum ictus lapidum ad unum saltem momentum temporis, quo homo vivus miserandum in modum totus ardet & crematur? Scribo de hoc supplicio tanquam αὐτόπτης, cùm I. Slingæ adhuc ὡς ὁ τῶν Ἀρχόνων ἐλάχιςος veneficos bis ad rogum comitarer, atque jam ardentibus acclamarem solatia, ipsique Carnifici accurrenti ad me, & quòd flamma ardentes citiùs non suffocaret, conquesto, darem consilium, ut tantùm non deserpantes in igne prominente unci cuspide per pectora transfigeret, & palo affigeret; qui dicto facto tormentis finem imposuit? Quod spectaculum tàm profundè subiit meum animum, ut dubitare inceperim de sententia interpretum Legis Mosaicæ, quæ Levit. 21. ỳ. 9. præcipit, *ut Sacerdotis filia fornicans comburatur*, utrum lex hæc intelligenda sit de vivicomburio, ut quidem litera Legis id inuere videtur: Si enim hanc legem excipiamus, nec vola nec vestigium de hoc supplicio extat in populo Dei usurpato? Nam quod Juda de nuru suâ Thamar, cùm audiret eam fornicatam fuisse, dixit; *Producite eam, ut comburatur*. Genes. 38. ỳ. 24. est extra lineam, quia sententiam præcipitatam & crudelem fuisse, omnes circumstantiæ textus evincunt; ut taceam, tum temporis in populis illis, inter quos Patriarchæ tunc vixerunt, adhuc omnia confusa fuisse; non exacta ad certam juris regulam, quæ postea in populo Dei, lege divinâ latâ, obtinuit. Nec sententia Josuæ tàm horrendo supplicio patrocinium præstat, utut litera textus præstare videatur; quando inquit: *Quicunque ille in hoc facinore fuerit deprehensus, comburetur igni, cum omni substantiâ suâ*, Jos. 7. ỳ. 15. quia versus 25. in hoc ipso capite clarè evincit, hanc combustionem non se vivicomburium Achani, quam præcessit sacrilegi furis lapidatio, ut habent verba textus ad hebraicam veritatem exacta: *combusserunt eos igni; etenim lapidaverunt eos lapidibus*. Quibus consideratis, utique analogia administratæ justitiæ urgere videtur, ut hanc legem de Sacerdotis filiâ ob fornicationem igni adjudicandâ, non tàm de vivicomburio, quàm de combustione prius lapidatæ intelligamus? quia non tantùm præter hanc, in juvenculam facili persuasu ad lapsum pronam, latam,

aliud

VARIÆ.

illud exemplum in lege Mosaica non extat, verùm etiam propter hanc rationem, quia pœnæ semper debent commensurari delicto, *l. perspiciendum. 11. l. hodie 13. ff. de pœnis*; econtra delicta longè graviora, ipsum nempe adulterium, non vivicomburio, sed lapidatione puniebantur, Deut. 22. ⅴ. 22. 24. Sed ut ad Veneficarum & Sagarum redeamus supplicium, quia lex divina nihil de eo determinat, consentaneum est, lapidatas eas fuisse, quia eadem lapidationis pœna earum complicibus, nempe *divinatoribus, hariolis, blasphemis, & Idololatris* fuit dictata, ficut Levit. 20. ⅴ. 27. c, 24. ⅴ. 16. Deut. 13. ⅴ. 10. & c. 17. ⅴ. 2. 3. 5. est videre. Ex quo consequens est, eas, sicut & cæteros homicidas, hodie omninò posse, imò flagitante justitiâ, debere necari, corporibus eorum post supplicium igne consumptis, ne de membris, quæ in paratis sceleribus Diaboli erant organa, in rerum natura præter cinerem quicquam reliquum maneat. Sed quia eorum homicidium non homicidium simplex est, apertâ violentiâ commissum, uno atque altero ictu mortalitatis lumen extinguens; sed homicidium plerumque lentum, iis cruciatibus cumulatum, qui sæpè sunt intolerabiles; homicidium ut plurimùm sub amicitiæ prætextu, vel halitu, vel affatu, vel tactu & popismate, tanquam vehiculis penetrantissimi veneni Diabolici comissum; adeoque homicidium tàm fraudulentum, tàm fucatum & tectum, ut nemo sit, qui id, nisi Deus maleficos cohibeat, animadvertere & evitare possit, etiamsi tàm acutum videat, quàm aquila, aut Epidaurius serpens; imò homicidium, cujus immediatus ἐφοδιάκτης est Diabolus, aliis insuper horrendis sceleribus, Sodomiâ, mutisque peccatis, incestu, & abominandis incantationibus onustum; ideò mirum non est, si contra hoc abominandum genus hominum Cæsarea Majestas excanduit, & extremitati scelerum extremitatem supplicii, nempe *vivisemburium* in Constitutione Criminali dictavit. Si tamen resipiscentibus, & misericordiam à Deo consecutis his reis etiam judex, penes quem in mitigandis suppliciis aggratiandi jus residet, misericordiam exhibet, & loco flammæ gladium aut laqueum eorum gutturi decernit, etiam forcipibus candentibus, si scelera abominanda sunt, eorum membris, dum ad supplicium educuntur, ustulatis, qui cruciatus utut exquisitissimus sit, tamen quia momentaneus est, periculo desperationis caret, hoc, inquam, misericordiæ cum justitia moderamen si judex miseris reis exhibet, geminam pro simplici laudis palmam reportat, unam *justitiæ*, alteram

ANNOTATIONES

misericordia; quæ utraque inclytæ Reipubl. Esslingensis Magistratui jure merito debetur, qui anno proximè dilapso viginti duos veneficii reos, veneficos & lamias, ultimo supplicio adjudicavit, tantùm duobus eorum, quorum scelera sine exemplo infanda erant, *vivicomburio* punitis, duorum item dexteris prius abscissis, & lamiâ unicâ, itidem ob atrocitatem facinorum forcipibus candentibus appræhensâ aut laceratâ, cæteris omnibus prius decollatis, corporumque eorum truncis rogo impositis, & in favillas redactis.

Fuit longa satis, & ampla de salebrosâ veneficii materiâ διέξοδος: pergendum jam ad annotanda, quæ restant.

(Rr. pag. *14*.) Dico hæc, non ut Eusebii canos vellicem; in cujus cineres mingere nobis religio sit. Agnosco, quemadmodum longè flagrantior erga religionem fuit pia Antiquitas, quàm fert tepor nostrorum temporum: Ita præ fervore amoris erga Christum, in amplexandis documentis fidei, longè majorem fuisse Ejus, dicamne *credulitatem*; an *credendi simplicitatem*, donec hæreticus furor piis, & eruditione profundis patribus oculos magis aperuit, & vexatio majorem intellectum eis dedit. Jam autem mirum non sit, nobis innotuisse ea, quæ tempore, ut innotescerent, opus habuerunt. Libet integra adscribere verba Eusebii ex λόγω βασιλικῶ jam suprà allegato, ubi de Erythræa scribit: *Illam* Φάσκουσιν ἑαυτὴν ἱερέιον τȣ Ἀπόλλωνος, *dicentem* *fuisse se Sacerdotem Apollinis*: addito; *diadema ex aquo unà cùm Deo, cui* *serviebat, gestare: & Itatim subjuncto; quòd appropinquantes ad se abjécerit* *propter dementiam parentum, qui eam* τιαωτῆ λατρεία, *tali cultui tra-* *diderint*, δι' ἣν ἀγρίμενις θυμοί, καὶ ȣδὲν σεμνὸν ἐπηγήσεται, *per quam* *etiam dedecorosa furia, & nihil venerabile superveniat*. Quid contemptius de hujus Phœbadis Sacerdotio dici aut scribi posset? ut etiam τῆς ἀκαίρȣ δαιδαιμονίας πραχθεισαν, *importunâ superstitione agitatam*, sed è vestigio simul Θείας ἐπινοίας ἐνίως γενομένην μεςὴν, *divinâ in-* *spiratione reverâ refertam carminibus futura de Deo vaticinatam esse* addat. Hæc, inquam, quomodo cohæreant, non video; Apollinis, hoc est, *Dæmonis sacerdotem esse, eo cultui propter dementiam parentum consecratam esse, in quo dedecorosa furia; & nihil venerabile est, & importunâ superstitione occupatam*; Et tamen, *divinâ inspiratione refertam esse*; Tandemque recensito ejus, ut putatur, carmine, addit: *Et hæc virgo* *perspicuè vaticinari potuit; hanc ego quidem beatam judico, quam Salva-*

VARIÆ.

tot providentiæ suæ erga nos vatem reliquit: Quæ, inquam, pietati intentionis, cujus scopus fuerunt ethnici ex propriis suis Prophetis refutandi, adscribenda sunt, superbâ exagitatione tanti luminis Ecclesiæ procul habitâ. Uunam Neocritici quidam, quibus erudito hoc nostro seculo ferè nihil placet, quod suum non est, tam ferventer essent *νήποι* in amplectendâ veritate Evangelii, ac suo tempore erudissimus fuit Eusebius; quantâ æquanimitate censoriam eorum virgulam, etiam ubi nodum in scirpo quærunt, admitteremus.

(*Si. pag. 12.*) vide Genes. 3. ℣. 4. 5.
(*Tt. pag. 12.*) vide Johannis 8. ℣. 44. 45.
(*Vu. pag. 12.*) Vitam Sibyllarum impudicam & profligatam fuisse, non contemnenda, aut digito exacta argumenta in medio sunt. Ex virginibus primùm electas fuisse, *Boissardus*, alioquin in amplectendis earum braculis ferè justo facilior, Tract. posth. c. 2. p. 4. ex autoribus refert, quæ præ cæteris objectis fœminini generis delicatus bolus immundorum Spirituum sunt. Licet enim Spiritus cum hominibus rem veneream exercere posse Chrysost. Homil. l. 22. in Genes. pro fabula habeat, quia Spiritus carne & sanguine carent; cui sententiæ etiam Cyrillus l. 9. contra Jul. calculum adjicit; experientia tamen testatur, Diabolum virginibus non secus, ac lupum ovibus insidiari, etiam pudicitiam earum tentando, corpore vel assumpto, vel ficto, aut per fascinationem simulato; ita tamen, ut nullibi ulla generatio accidat. Quid Impuritatis ab hiis co infernali cum his Phœbadibus in abdytis & antris, in quibus ecstases & furorem eis immiserat, non exercitum fuisse putemus? Quid multis? Ream confitentem habemus Pythium, quæ secundum & septimum librum Oraculorum Sibyllinorum sibi, tanquam autori, adscribit, & scortum adeò impudicum se fuisse fatetur, ut juxta infandam scortationem etiam cum patre incestum se commisisse dicat: lubet adscribere ejus verba, quibus septimo oraculorum libro finis imponitur, quæ ita habent:

Ὡς ἐμὲ τὴν λυγρὴν. Ὅσα γὰρ κακὰ πρόσθεν ἔρεξα,
Εἰδῆ, ἀλλά τι πολλὰ κακῶς ἐπινήσ᾽ ἀμελεῦσα;
Μυρία μὲν μοι λέκτρα, γάμος δ᾽ οὐδεὶς ἐμελήθη.
Πᾶσι δ᾽ ἐγὼ πανάπιστις ἐπήγαγεν ἄγριον ὅρκον.
Ἀδρομένης ἀπέκλεισα, ναί ἐν περμολῆσιν ἰοῦσα,
Ἴκελον ἧς αὐλῶσα, ἠϋ φάτιν οὐκ ἐνόησα.

ANNOTATIONES

Τέκνα πῦρ μ' ἔφαγεν, καὶ βρώσεως ἥδε γ᾽ αὐτὴ
Ζήσομαι, ἀλλ' ὀλέσαι με κακὸς χρόνος, ἔνθα τάφον μοι
Ἄνθρωποι πύξωσι, ἐπανερχόμενοί με θαλάσσῃ,
Καὶ με λίθοις ὀλέσωσιν. Ἐπὶ μοι γὰρ πατρὶ λαλῦσα,
Τία φίλον μετέδωκε. Βάλοιτί με, βαλλέτι πάντις.
Οὕτω γὰρ ζήσω, κỳ᾽ ἐς ἐρανὸν ὄμματα πήξω.

Hoc est, ut ligata horum Oraculorum habet versio;
Vt sceleratam me. Nam quæ scelera ante patravi
Prudens, & studio peccandi perdita feci?
Mille mihi lecti, connubia nulla fuerunt,
Iureq́, iurando quosvis periura ligavi.
Exclusi tenues, & permollissima rura
Quoslibet admisi, magni secura Tonantis:
Propterea igni sim consumpta, avoq́, reipsa
Vivam, sed perdet durum me tempus, ibique
Constituent homines bustum mihi, posteri & undis,
Me periment saxis. *

Nota, translator verba,
- - - ἐπὶ μοι γὰρ πατρὶ λαλῦσα
Τία φίλον μετέδωκε:

Forsan ob castas aures & oculos Castalio non vertit, quia profligatissimæ pudicitiæ bestia in iis fatetur, se suum genitorem ad incestuosum stuprum movisse, & ex hoc incestu ei filium peperisse: cætera ita continuantur;
- - - *Me cædite, cædite cuncti,*
Sic etenim vivam, atque in cælum lumina figam.

Per has ne Phœbades, per hæc incestuosa prostibula Spiritum Sanctum, *cujus sapientia in animam malevolam non intrat, nec in corpore peccatis subdito habitat,* Sap. 1. ℣. 6. immediatè locutum esse putemus? si qualiacunque vel tandem sint, etiam, ne fucus appareat, divinissima esse videantur, quæ malignus Spiritus per istos fraudulentiæ tubos deducit, qualis erat illa ex obsessis, de Christo Jesu, *esse eum filium Dei,* acclamata confessio, & ne maligni confessores ante tempus torquerentur, anxia deprecatio, Matth. 8. ℣. 29. ut quis spurcissimos deastros, qualem ob in castuosam χρεομαρίαν Apollinem fuisse suprà audivimus, quorum Sa-

VARIÆ.

cerdotes hæ impiæ Phœbades erant, digna opercula his patellis merito appellaret.

(*X x pag. 12.*) De hac oraculorum, à Prophetis & Sibyllis proditorum differentia, scribit *Polydorus Virgilius* de Invent. Rer. l.1, c. XXIIII. *Esse divinandi genus naturâ, quod nonnunquam vaticinantibus per furorem contingit, ut accidisse legimus Sibylla Erythræa, & sacerdotibus nonnullis; cujus generis oracula etiam habenda erant, qualia fuerant oracula Apollinis, aut Ammonis, aut reliquorum, in quibus homines crebrò illudebantur, velutsque arte dæmonum, humanáque fraude reddebantur. Verùm Propheta, qui divino spiritu, non furore lymphatico afflati erant, nunquam fallebant.*

(*Υ γ. pag. 12.*) vide Epist. 1. ad Corinth. cap. 11. ⚹. 16. item 1. Corinth. 2. ⚹. 11.

(*Z ζ. pag. 12.*) vide 1. Cor. 1. ⚹. 23.

(*α. pag. 13.*) Psal. 14. ⚹. 1. Jac. 2. ⚹. 19.

(*β pag. 13.*) 1. Pet. 1. ⚹. 19. 2. Tim. 1. ⚹. 12.

(*γ. pag. 13.*) Notanda sunt hic verba Clementis Alex. de horum Oraculorum expiratione, quæ libro contra gentes in hunc modum habent: *Ultimo silentio Castalius & Colophonius fontes, cateraq́; fluenta, qua vim divinandi habere videbantur, extincta cum suis fabulis defluxerunt: totiusq́; vinationis potius, quàm divinationis nefanda mysteria ceciderunt. Silet Delphicus, Pythius, Didymus, Amphiaraus, Amphilochus, Tacent Aruspices, Augures, somniorum interpretes, & qui farinâ & hordeo vaticinabantur.* Boissardus Tract. Posth. f. 96. sub finem de Hammone ita scribit: *Certum est, hac omnia Dæmonum oracula, paulò ante adventum Christi servatoris obmutuisse: vel frigida admodum visa hominibus, qui horum vanitatem jam incipiebant perspicere, quòdq́; Christo in hunc mundum veniente tenebras illas densas, quibus mortale genus tot seculis involutum fuerat, ettâ luce oportebat discuti.* Nam Lactantius libro de origine erroris c. 17. *de Dæmonibus loquens, ait: In oraculis autem vel maxime fallunt quorum præstigias profani intelligere non possunt.* Post Christum sanè non legimus apud Autores, tantam fuisse Deorum fatidicorum autoritatem, qua facile subversa sit, paulatim licet, prædicatione Evangelii per totum orbem publicatâ: *Apostolis & sanctis Episcopis Dæmoniorum os solo jussu prohibentibus & obturantibus: Quod ipsi maligni spiritus sapissime sassi & conquessi sunt per suos Prophetas: Et incitaverunt profanos & superstitio-*

stitiosos Principes ad persecutiones excitandas in Christianæ religionis sectatores, quos acerrimè accusabant, tanquam omnis pietatis pertinacissimos osores, & religionum, quas universus orbis sacrosanctas colebat, eversores, ut Deorum antiquorum loco sectam Iudaicam substituerent, & Christum novum Deum adorandum populis proponerent. Inde tot & tam *atroces cædes & supplicia statuta in Christianos, qua trecentis & ultra annis per totum Imperium Romanum excitata sunt; donec sub Constantino Magno paulatim mitescere cœperunt Romani, & furorem remittere. Et pij Episcopi & sacerdotes ardenti Zelo & contentione, posthabito periculorum metu, doctrinam sanctam Evangelij inculcarunt, in mentibus hominum idololatria conculcata, & Dæmonioruum cultibus subversis.* Verba lectu dignissima, quæ analogiam temporum post Christum natum exactè exprimunt. In hunc eundem sensum idem scribit lib. cit. fol. 127. sub finem de *Apolline Pythio*; ubi verba ita habent; *Sed paulò ante Christi adventum tacere cœperunt impostorum dæmonum fallacia responsa: quamvis eorum fraudes multi magni viri non ignorarent, sed metu superstitiosorum Principum & populorum, qui ab his fascinati ad insaniam usq, furebant, non ausi sunt suas opiniones publicare.* Cicero l. 2 Divin, inquit: Sed jam ad te venio, ô sancte Apollo, qui umbilicum terrarum certum obsides, unde superstitiosa primum evasit vox vera. Tuis enim oraculis Chrysippus totum volumen implevit, partim falsis, ut ego opinor, partim casu veris, flexiloquis, & obscuris, ut interpres indigeat interprete, & sors ipsa referenda sit ad sortem. Imò, inquit Boissardus porrò, *ipsi Dæmones senserunt, hanc satidicam, quam Deus altissimus illis tot anteactis sæculis indulserat, propter idolomaniam hominum, adventu Christi Servatoris sublatam fuisse, vel admodum imminutam. Nam ferè ubiq, oracula cessarunt, enthusiasmo debili, & frigido correpti Propheta, Sacerdotes, & Phœbades carmine verba dæmonum exprimere cessarunt, posteà raro responsa dare: quandoq, item fateri, se ignorare, qua interrogarentur;* Cælius Calcagninus in tractatu de Oraculis adducit hunc versum Apollinis sæpius repetitum:

Quid frustrà petitis? non nostrum est scire futura,

(δ. pag. 14.) 1. Joh. 3. ⱴ. 4.
(ε. pag. 14.) vide Coloss. 1. ⱴ. 15.
(ζ. pag. 14.) vid. Apoc. 12. ⱴ. 10. 11.

Con-

VARIÆ.

Conclusio de Usu ex his annotationibus & ipsâ Oratione percipiendo.

Restat, ut vela contraham, & ex dictis colligam, quosdam suo judicio de Sibyllarum Oraculis peccare in *defectu*, quosdam in *excessu*; In defectu, qui Sibyllas aut nunquam fuisse ajunt, ut *Socinus Antitrinitarius*; aut earum oracula tantùm à Judæis mutuata autumant, ut *Boxhornius*; aut penitus ignorari statuunt, ut *Kæslerus*, Patresq; in iis admittendis nimium faciles, ut *Casaubonus*, imò ineptos, ut *Boxhornius*, fuisse arguuntur: In excessu peccant, qui ea pro divinitùs inspiratis habent, ut superioribus seculis, imò etiam seculo nostro, communis feì è, etiam magnorum virorum fuit sententia, qui his oraculis $\Theta\tilde{\eta}\acute{o}\tau\eta\tau\alpha$ adscribendum esse censuerunt; nixi autoritate Patrum Antiquissimorum, *Iustini Martyris*, *Clementis Alexandrini*, *Athenagoræ*, *Eusebij*, quibus Montani hæretica τέχνη, quæ tàm clarorum de Christo oraculorum inventrix arguitur, imposuisse videtur. Hæc sententiarum divortia annon commodè declinantur, si quod res est, dicamus: *Hæc scil. oracula, quotquot eorum adhuc extant, & non sunt* ψευδεπίγραφα, *neq; ex nuda hominum traditione, nec sedtata Spiritus S. illuminatione, sed ex Diaboli inspiratione profluxisse*, qui pro suâ, quâ pollet, ἀγχινοία ea longè faciliùs ex præsuppositâ revelatione divinâ, sanctis Dei hominibus, Prophetis puta, f.Ctâ concludere potuit, quàm acutissimus Aristoteles, nedum ulla fœmina, quæ ἀωθέντερον σκαῦος est, per ullas consequentias elicere posset. Hoc pacto etiam reliqui usus, quos ii. Oratione expressimus, sibi constant: Quomodo autem is usus sibi constet, quem clariss. *Kæslerus* in suâ Dissertatione insert,, siquidem ejus de Bucolici Virgiliani sensu sententia stare debeat, videre non possumus. *Virg. Ium* inquit p. 16. Dissert. neq; inspiratu divino (quis n. auderet fingere?) nec Sibyllinis ex oraculis, eo modo, quo *Constantino*, & Christianis aliis visum eil, hoc carmen *de Christo Servatore mox venturo cecinisse*. Modum igitur adversus Ethnicos ratiocinandi mutatione aliquâ opus habere. Illud forte non intempestivè potuisse illis ingeri: Ecce quæ Poeta restricans, aut nuper cecinerunt, de instauratione aliquâ felicitatis probè de novo beatoq; saeculo, vos quidem ad Augustum vestrum trahitis: & este, trahatis: Sed hæc Philosophia altiùs erigere debet vestros animos, ut revera in cælum oculos attollatis, & divina ab origine repeta-

ANNOTATIONES

tis illa munera, quæ Augusteis temporibus contigerant: idest, ab illo regé, quem è cœlo veniffe, natumá, ex homine, ut homo idem, ac Deus effet, profitemur ac monstramus. Hujus beneficio de Principibus vestris dici potest, quod ipsi proprium est, & perpetuum: Retinete Poëta vestri verba & spiritum, & cognoscite, quanto rectius & validius de Servatore nostro illa dicantur. Et quandoquidem oraculis tantopere intenditis, quàm pronum est credere, etiam vestra oracula, quibus Poëtæ sua carmina adornant, hoc tempus, hunc Regem designasse, quem nos colimus? Robur, addit porrò, accessisset huic orationi ex eo genere argumentandi, quo Eusebius, & ante eum Iustinus, Clemens Alexandr. & alij usi sunt, ex sacris literis, idest, ex fontibus Christianorum præcipua secretioris Philosophiæ Ethnicæ momenta promanasse, hocque discursu Dissertationem clarissimus Vir concludit, cum cujus pace dictum sit, nos videre non posse, quomodo hæc cohæreant. Si enim Virgilius hanc Eclogam non ex carmine Sibyllæ Cumææ, quæ de Christo vaticinata esse præsupponitur, desumsit; Imò si carmen hoc Cumæum non Cumææ, sed Hesiodi carmen est, ut supra ex Suida probare velle fuit visus, quâ consequentiâ ethnicis ex eo persuaderi potuit, ut Regem crederent venisse de cœlo, qui idem homo ac Deus est, in quem Christiani credebant, cui proprium & præcipuum sit, quod de Augusto Virgilius hac Ecloga prædicavit? quomodo ex retento Poëtæ spiritu potuerunt credere, rectius & validius de Christo prædicari, quod de Augusto Virgilius prædicavit? Sicut ex regno de hoc mundo regnum Christi colligi non potest, ita nec ex Rege hujus Mundi Rex gratiæ, aut ex Augusto Christus Rex gloriæ ab infidelibus colligi potuit; quia quæ sunt de hoc mundo, ab iis, quæ de Regno gratiæ & gloriæ sunt, in contraria omnia abeunt: Quomodo ergò ex ἡγεμονικῷ statu Augustei seculi Regnum gratiæ, & ex Augusto Christus ϑεάνθρωπος ab Ethnicis colligi, atq; ut in Christum ϑεάνθρωπον crederent, argumenta ex hac Topica depromi potuerunt? Quod de sacris literis additur, extra lineam quæstionis est, quia de Sibyllarum Oraculis disserimus, annon gentilibus, ut Christum pro vero Deo & Servatore amplecterentur, ex illis primitus persuaderi potuerit? Quod tum fieri potuisse putamus, si gentiles crediderunt, hæc oracula Sibyllis à Deo fuisse inspirata, quæ ipsis inspiravit Diabolus; secus, si nihil Θεῖον iis inesse putarunt, ex quibus consequenter nihil, quod divinum est, concludere potuerunt.

VARIÆ.

Epilogus apologeticus.

Concludo vel tandem has Annotationes, in quas præter intentionem Orationis habitæ incidi; quam cùm haberem, & in Acroſtichide ab Euſebio Erythræa adſcriptâ, ut & in Cumæo Carmine producendo verſarer, inter perorandum obſervavi, à non nemine Auditorum agitari aliquid ſeriò, ut, ſi cathedram tunc primùm conſcendiſſem, ferè mihi accidiſſet, quod aliquando Oratoriæ ſtudioſo accidiſſe ferunt, qui poſtquam coram ſtatuis perorando privatim ſeſe exercuiſſet, tandemque in panegyri publicâ verba faciens, Auditorum capita motitari videret, attonitus ſubſtitit, inquiendo: *Hæc ſimulachra ſe movent!* putans, ſe adhuc coram ſtatuis, in quas intrarint animæ, verba facere. Cùm autem pòſt intelligerem, quos in ſcopulos Orationis meæ ſcapha uni vel alteri videretur impegiſſe, extemplò in eam, ut ſe daturæ eſſent materiarum occaſiones, inquirere conſtitui, ut quid de ſingulis, quæ poſthabitis phaleris ſimplici ſtylo propoſueram, denuò videretur, ingenuè proſmerem; quod tantâ, ſed intra modeſtiæ cancellos ſe cohibente libertate præſtiti, ut nonnullibi mihimet ipſi, ſicut ex lectione patet, non pepercerim, memor illius divini, quod de cœlo deſcendit, γνῶθι σαυτὸν; quo nomine, ut ſpero, excuſatus habebor, ſi maximè à clariſſimis viris hinc inde amicè diſſideam, quia conſcientia mihi teſtis eſt, me vicilitigandi ſtudio nihil moviſſe, ſed motis ita reſpondiſſe, ut ubi intacta manet religio, cuilibet liberum ſit, per rationes etiam diffidere à me, ſicut ego diffideo ab aliis, quorum ſententias exoſculabor, ſicubi meis ſentimentis vero fuerint propiores: Interim ingenuitas in rebus aliter, quàm fert ſententia, ediſſerere non potuit, nec etiam, ut opinor, debuit; ſi modò ſentire licet, ut omninò liceat, quæ velimus,
& quæ ſentimus, apertè
dicere.

N 2   Sylla-

Syllabus,
Rerum præcipuarum in hac Inquisitione
occurrentium.

A.

Acrostichis *Erythrææ adscripta; pro authentica habita,* p. 46. 47. *pro propseudepigraphá,* p. 47. 48.
Aretinus *suspectus libri de tribus impostoribus Autor,* p. 24.
Arius *oppugnator natalium Christi,* p. 1. *ejus blasphemia,* p. 15
Atheisticus liber *de nullitate religionis Christianæ,* p. 24.
Augusti *Imperatoris vigilantia in custodiendis libris Sibyllarum,* p. 8.

B.

Baronius & Bellarminus *Sibyllarum libros pro* χρονευτοις *habent,* p. 26. *Bellarminus divinitatem Christi ex iis probat,* p. 9.
Bernhardus Ochinus *suspectus autor libri de tribus impostoribus,* p. 23.
Blasphematores Majestatum, p. 15.
Boecleri *sententia de Ecloga IV. Virgilij, examinata,* p. 38. *& seqq. usque ad* p. 45.
Boxhornius *de principio Oraculorum Sibyllarum,* p. 53.

C.

Calovius *de Acrostichide Erythrææ adscriptâ,* p. 49.
Calvinianorum & Jesuitarum sententia *cum Nestorij sententiâ de nativitate Christi examussim eadem,* p. 1. 16. 17. 18. 19. 20. 21. 22.
Casauboni *de Sibyllis sententia,* p. 30. 31. 50. &c.
Caroli V. *Constitutio de Tortura,* p. 67. *item de supplicio Sagarum,* p. 83.
Cicero *de expiratione miraculorum & oraculorum,* p. 50.
Clementis Alexandrini *sententia de Sibyllis,* p. 9. 49.
Cumææ, *ut &* Erythrææ *inspirata à Diabolo oracula,* 11. 33. 88. &c.
Cumææ *carmina partim combusta, partim Tarquinio vendita,* p. 5.

D.

Dei Judicium *solum infallibile,* p. 65.
Diabolus *inspirator Sibyllarum,* pag. 10. *ejus inspirationis furor;* ibid. ἀγχίνοια *in arguendis oraculis de Christo ex Prophetarum*

vali-

Syllabus Rerum.

vaticiniis, p. 11. *Simia Dei*, p. 10. 11. *ejus admiranda potestas in homines, nisi à Deo cohibeatur*, p. 53. 53. *etiam cùm prodesse videtur, nocet*, pag. 12. *ejus scopus & finis in inspirandis oraculis, etiam veris de Christo*, pag. 53.

E.
Epicureorum & atheorum *impietas*, p. 2. 24. *ex Sibyllis, ut ut à Diabolo inspiratis, possunt confundi*, p. 15.
Erasini Schmidii *argumenta pro authentiâ Sibyllarum oraculorum de Christo, cum eorum solutione, à pag.* 32. *ad* 36.
Erythræ *adscripta acrostichis de Christo*, p. 8. *Dæmonis sacerdos, ergò lamia*, p. 11. *ejus sacerdotium Apollini prostitutum*, p. 86. 87.
Errores *circa oracula Sibyllar. in defectu*, p. 101. *in excessu*, 101. 102.
Eslingensis Reipublicæ *zelus providè inquirendi, & justâ moderatione animadvertendi in lamias & veneficos*, p. 69. 88.
Eusebius *de Christianorum diligentiâ in libros Sibyllinos*, p. 26. *ejus laus, quam Erythræ tribuit*, p. 80. *credendi facilitas in æstimandâ Erythrâ & Cumææ*, p. 86. 87.

F.
Forerus *Jesuita Nestorianismi convictus*, p. 17. 18. 19. 20.
D. Franzii *opinio de Sibyllis*, p. 27.

G.
D. Gerhardi *opinio de Sibyllis*, p. 27.

H.
Historiæ fides *ob diversam à diversis factam descriptionem, nullitatem historiæ non statim arguit*, p. 25.

I.
D. Jacobi Martini *de Sibyllis opinio*, p. 27.
Jesuitæ & Calviniani *convicti Nestorianismi*, p. 17. 18. 19. 20.
Judæi *conducti blasphematores partus virginei*, p. 1. *corum blasphemia contra Christum*, p. 23.

K.
Kabala *vox nihil commune habet cum voce Sibylla*, p. 3.

L.
Leonis X. Pontificis *dictum, ut fertur, blasphemum de Evangelio,*

lio, quod sit fabula de Christo, p. 2.
Levinus Nicolaus Molkius *Scholiastes Religionis Medici*, p. 23.
Lutherus *de Tortura* p. 57. (67.) 62. 63.

M.

Magnatum de genethliacis mota quæstio *Majestatis reatum sapit,* p. 1.
Magistratus officium *in examinandis & puniendis veneficis & sagis, à pag. 60. ad usque p. 76. imprimis p. 69. 70. 71.*
Maresius *frustra conatur à se amoliri Nestorianismum,* p. 21. 22. 23. *ejus sententia de Ecloga Virgilij IV. an ad imitationem Carminis Cumææ Sibyllæ sit scripta,* p. 45.
Mayfartus *contra Torturam* p. 52. (62.) 53. (63) 55. (65. 59. (69) &c.
Melancholicarum fœminarum *exempla, quæ falsò putarunt, se egisse cum Diabolo,* p. 71.
Ministerii Ecclesiastici officium *erga reos, imprimis veneficos & lamias ad supplicium condemnatas,* p. 76. 77. *Regula de hoc officio,* p. 77. 78. 79. 80.
Ministrorum vigilantia *imprimis propter Diaboli malitiam in Ecclesia summe necessaria,* p. 81. 82.
Montanus hæreticus *Oracula Sibyllarum de Christo confinxisse arguitur,* p. 38. (40)
Monarchiarum *numerus quaternarius,* p. 49.
Morale à Ceremoniali, *res ab ipso modo rei etiam in Lege Mosis forensis distinguenda,* p. 56. (66)

N.

Nestorii *error ex Concilio Ephesino genuinè descriptus,* pag. 16. 17. *Iesuitis & Calvinianis communis,* p. 17. *& seqq.*

O.

Oracula *Sibyllarum an sint authentica, eorum expiratio, nato Christo,* p. 13. 51. Oraculi *responsum, Imperatori Augusto, de Successore sciscitanti datum,* p. 13.
Oldekop *de injustè tortis,* p. 63.

P.

Photinianorum *blasphemia ultimus Diaboli conatus,* p. 16.

Syllabus Rerum.

Plutarchi *de origine Oraculorum absurda sententia*, p. 10.
Poggius Florentinus *suspectus libri de de tribus impostoribus*, 25.
Prophetiæ & ecstáσεως *differentia* p. 55.

Q.

Quæstio *de* Quæstione, *communiter* Tortura *appellata*, à p. 60. *usque ad* 76. *vide etiam in lit.* T.

R.

Religio Medici; *libellus de Religione ita dictus*, p. 23..

S.

Sagæ, *Sag. is esse, qui negant, atheismi suspectos esse*, p. 52. *eas corporaliter à Diabolo per aerem deportari*, p. 71. *triplicis generis Sagæ*, p. 60. *An ob nudam apostasiam à Deo, sint supplicio afficienda?* p. 71. *earum perpetrata scelera & illata damna horrenda, inter quæ homicidia miserrima*, p. 57. *supplicium horrendum*, p. 82. 83. 84. 85. 86.
Scriptura Sacra *sola* ϑεόπνευςος, *hinc sola divina*, p. 10.
Sibyllæ. *Earum Oracula speciem divinitatis præseferentia*, p. 2. *vocis Sibyllæ etymon*, p. 2. 3. *vocabulum generale*, p. 3. 24. *fuisse Sibyllas*, p. 3. 24. 25. *de numero earum*, p. 4. *Quæstio*: An Oracula earum sint authentica? *à pag.* 25. *ad p.* 36. *in utramq. partem disputata*, Affirmativè, *à pag.* 25. *ad p.* 28. Negativè, *à pag.* 28. *ad p.* 36. *decisa*, *à pag.* 37. *ad pag.* 38. *Oracula earum non ex Spiritus Sancti, sed Dæmonis inspiratione*, pag. 7. 35. 54. 87. 88. &c. Sibyllarum vita *impudica, supplicio digna, ibid. fuisse lamias*, p. 41.

T.

Tacitus *de Sibyllis*, pag. 8. 9.
Tiberii *vigilantia in recipiendis libris Sibyllarum*, ibid.
Thomas Broune *auctor libelli, cujus titulus*; Religio Medici, 23.
Tortura. *An ea modus sit legitimus maleficos & sagas examinandi?* à pag. 60. *usque ad p.* 76 *Status quæst. onis de eâ per ἄσον & ϑέσιν formatus, à pag.* 60. *usque ad* 65. *argumenta pro affirmativâ, à pag.* 55. '65) ad 58. (68) *solutio argumentorum*, Zepperi, & *aliorum, contra torturam, à pag.* 55. (68) *ad p.* 76. Torturæ

Syllabus Rerum,

necessitas, p. 57. (67) torturam *ad leges exactam non esse ty-*
rannidem, p. 58. (68) 59. (69) *multò minus diabolicam*, p. 6 2.
(70.) *de tortura Augustinus*, p. 61. *ini*J. tortorum *exempla*,
62. 63. &c.
De Tribus Summis Impostoribus *liber flammis comburendus*,
p. 2.   V.
Veneficorum *horrenda delicta*, p. 57 58.
Verbum Dei *lymphatica oracula extinguens*, p. 13.
Virgilius. *An Sibyllæ Cumææ oraculum in IV. Ecloga fuerit imita-*
tus? p. 5. 6. 7. 38. 39. 40. 41. 42. 43. 44.
Vivicomburium; *supplicium omnium crudelissimum, cum despe-*
rationis periculo conjunctum, p. 83. 84. *An ex sacris ejus exem-*
plum dari possit, p. 84. 85.
Usus & utilitas *ex oraculis à Diabolo* πρὸς ἄνθρωπον, *ibid.*
             Z.
Zepperi *argumenta contra torturam soluta à pag.* 58. *continuo*
tractu usque ad pag. 76.

ERRATA.

Pag. 2. lin. 13. lege Christianis. p. ead. l. 22. pro αὐτῦ lege ψευδὴς. p. 10.
l. 29 lege immediatè. p. 14. l. 11 lege αὐθης. p. 15. l. 10 lege πολμη]αι. p. 17. l. 21.
lege Arida. p. 18. l. 16 17. lege ὑπερυψώσι. p. 22. l. 4. lege ϖρᾷ. l. 6. lege Christi. p. 24. l. 6. lege obstetricante. l. 19. lege. veteres philoso- p. 2). l. 20. lege
ϑεομαντείαι. l. 26. lege authentica. p. 31. l. 27. lege διορρηδίω. p. 32. l. 2. pro
arctis - lege ob arctis - p. ead. l. 18. lege X. viratum. p. 32. l. 18. lege δηλαδή.
item περικυρί ξαι. p 36. l. 25. lege vaticinia. p. ead l. 28. pro non hubent, lege locum non habent. p. 39 l. 10. lege Ασσυρίη. p. 43 l. 21. 22 lege solituro.
ibid. lege Virgilius. p. 47. l. 24. lege dubitant. item retexunt. p. 53 l. 4. lege
verbo. ibid. l. 32. lege κιβδήλοις. p. 54. l. 29. lege calculum. p. 51. (57) l 1. pro
Deo, lege at negant Deum, & Diabolo. p. 60. l. 17. 18. lege debitæ. p. 64.
l. 30. pro se lege fuisse. p. 66. l. 7. lege erant. p 67 l. 21 lege multi. p 72. l. 18.
lege transfodisset. p. 51. l. 35. pro negligenti lege neglectis.

FINIS.

www.ingramcontent.com/pod-product-compliance
Lightning Source LLC
Chambersburg PA
CBHW020142170426
43199CB00010B/846